宋城来而有自
上承秦汉唐
传承有序
下启元明清

天下粮城

千年文脉溯源及嬗变

钟践平编写组 著

中国建筑工业出版社
中国城市出版社

主　　　编：王浩雷
副　主　编：韩　店　顾宇新　王大港　刘晓庆　李　迎
编　　　委：胡春明　张滨丽　任天辉　林雅芬　谢明珠
　　　　　　李佳秋　刘丽媛　刘　帝　彭　林　刘宏伟
　　　　　　田子超　刘绍兴　汪　汀　刘永滨

执 行 主 编：王大港
执行副主编：胡春明　任天辉　刘丽媛　刘　帝
编辑组成员：李睿明　刘　苏　王建业　杨若男　常　越
　　　　　　林红兵　孙思妍　颜　晗　杜宇辰　付晨雪
　　　　　　房书智　李明宇　杨鑫宇

张锦秋·序

从断代史视角探寻宋城嬗变

看到《天下宋城：千年文脉溯源及嬗变》一书，眼前为之一亮。为什么？以往涉及历史文化名城的书籍多是城市史、建筑史、历史遗产保护等专业著述，今天看到的这本书是带有文学气息的，生动讲述宋代城市历史、勾勒古建风貌、寻觅千年文脉、彰显文人风骨的著作，展示了对宋城人文肌理、审美观念和价值取向的深度探索，感人至深，给人启迪。再者，这是一部从断代史视角切入，以20座有较为丰富的宋代历史文物和建筑遗存，且宋文化至今仍有深远影响的城市为研究对象，汇集了各地历史文化遗产保护传承的好做法和好经验，对我国新时代城市高质量发展具有现实指导价值的理论著作。

宋代是中国封建社会发展的成熟期，在农业、工技、商贸、文化、都市化水平等方面都有划时代的突破，达到了一个鼎盛阶段。这一熠熠生辉的时代，留下了丰富的历史文化遗产，城市与建筑作为其重要组成部分和鲜活载体，必然会形成独特的风格、精湛的技艺和深厚的文化内涵，需要认真总结，深入研究。

宋代的城市按照经济规律而演进，突破了汉唐以来的里坊制，代之以街巷式的城市如雨后春笋般地出现。创新精神亦引领着建筑的发展：如商业、娱乐、教育等建筑新类型纷纷涌现；编写了世界领先的、第一套建筑技术标准和建筑工料定额标准——《营造法式》；建筑群布局与建筑单体形式的丰富多样；建筑技术的革新与进步；建筑风格的秀丽、精致、多彩；造园艺术从写实与写意并存转向写意山水的大发展。

宋代不仅是一个建筑繁荣的时代，更是一个人才辈出的时代。本书穿插了许多历史人物故事，他们或是政治家、文学家、艺术家，或是集多种身份于一身的圣贤，其智慧与情怀为城市发展注入了无限的活力与创造力。苏轼的豁达乐观、辛弃疾的豪放大气、朱熹的内外兼修……这些名垂青史的人物以卓越才华和深邃思想，为宋代文化发展、千年文脉形成等作出了不可磨灭的贡献，也留下了不朽的遗迹。

本书语言鲜活、深入浅出、夹叙夹议，系统呈现宋代城市、建筑等历史文化遗产。书中对建筑的描写尤为精彩，无论是至今保留原有格局和建筑风格、被誉为"国内罕见的宋代府第建筑"的潮州许驸马府，还是全长约3.6公里、国内保留最完整的宋代砖筑城墙——赣州城墙，抑或是始建于南宋嘉泰年间、我国现存最古老的城市桥梁之一——绍兴八字桥，都展现了工匠的卓越追求与匠心精神。文章引人入胜，在品赏城市嬗变、感受古今城貌的同时，也让人深刻领悟千年文脉的博大精深和无限魅力，值得细细品味。

　　感谢所有辛勤付出的作者和编辑们，是你们用智慧和汗水精心雕琢，奉献了这部精彩纷呈的论著。愿此书成为大众了解宋代历史文化、溯源千年文脉的一个重要窗口，激发更多人对优秀传统文化的兴趣与热爱，更加珍视历史文化名城的保护和传承。

　　是为序。

单霁翔·序

寻宋 品宋 传宋

  宋韵，凝聚了两宋时期的文化美学精髓、精神价值追求与物质文明成果，是两宋文化的核心与精华。宋韵文化汇聚了两宋时期独特的文化风尚和精神气质，是中华优秀传统文化的重要组成部分，具有跨越时空的当代价值和博大深远的世界意义。一座座宋城，将宋韵文化的丰富内涵和深厚底蕴，在世人面前徐徐铺展，让后人能直接触摸历史的脉搏，感受宋韵文化的独特魅力。

  因此，从宋城这一载体切入，可以说清宋韵文化的全部内涵：

  ——从美学维度看，广泛存在于宋人的诗词书画、建筑园林、金石陶瓷、话本戏曲、社会生活等各种形态之美，都在宋城这一空间载体中融汇交流，转而成韵。

  ——从价值维度看，两宋集中迸发的民族精神、爱国精神、开放精神、创造精神、科学精神以及人文精神，奠定了它在中国封建社会发展中的高度，也融入宋城的血液，成为其独有的精神气质与灵魂。

  ——从物质维度看，宋代经济、制度、科技、文学、艺术、书法、绘画、陶瓷、纺织、建筑等多种形态的繁荣发展，成为宋城有形的"文化拼图"，通过深入了解这些尚存的物质形态，能够更直观地感受宋韵文化的深厚底蕴与独特魅力，进而领略中华文明之博大浩瀚。

翻开《天下宋城：千年文脉溯源及嬗变》，宛若推开一扇穿越千年的时光之门，宋韵风雅吹拂于承载着故事与梦想的古城之间，也记录下作者史海撷英的脚步。从大江大河畔的故都大邑，到崇山峻岭间的悠远乡关；从饱经沧桑的古建遗构，到市井烟火中的隐逸文脉，事有来历，文有出处，相互勾连，前后贯通，使历史之面、文化之体、精神之里，凝合为连绵而鲜活的宋韵长卷，复苏曾尘封于岁月长河的宋城风骨。

宋城如画，有杭州"东南形胜，三吴都会，钱塘自古繁华"之盛景，有开封二塔下不息的东京梦华；宋城如诗，写尽苏轼笑对人生起落的乐观豁达，道出沧浪亭外的悲喜交加；宋城如鉴，照出范仲淹的天下忧乐，映射爱莲池中的方寸宇宙……古建筑的匠心独运、传统手工艺的活态传承、文人墨客的才情忧思以及民间故事的口耳相传，被赋予新的生命，无不在邀请读者共赴一场与宋风、宋韵、宋雅的千年之约。

当前，历史文化保护传承愈发受到重视。这 20 篇散文式的文论,恰似精心编织的理论经纬,将散落于漫长历史长河中的文化碎片巧妙串联,使之重焕夺目光彩;又似独特精妙的文化编码,成功"接收"那些在历史遗存中微弱甚至几近被"屏蔽"的珍贵信号,充盈着深沉的思索,也深刻揭示无论世界如何变迁,根植于中华沃土的文化基因,流淌在民族血脉中的精神魂魄,始终是我们最坚实的文化根基、最耀眼的民族标识,正如呈现于当下、活化于今日的宋城宋韵。

这部论著,既是对探寻历史文化名城古韵新声的深情呼唤,也是对历史文化保护传承与创新发展的庄重诺言。撰写与品读的过程,恰是挖掘宋文化、赓续千年文脉的过程,又如将满天繁星汇聚为闪耀的人文历史星河,照亮属于中华文明的天空。

愿此书如同火种,点燃更多人对中华优秀历史文化保护传承的炽热之情,激发起全社会对历史文化名城的深切关怀与无限热爱,让这份珍贵的文化遗产在新时代的浪潮中焕发光彩,熠熠生辉。

是为序。

主编·引言

宋城的归霞与曙光

宋城是一个历史名城符号和独特文化现象,它来而有自,上承秦汉唐;它传承有序,下启元明清。

历史上,强汉之城恢弘,盛唐之城壮丽,富宋之城锦绣。中国几千年建城史中,不同时代的名城"各美其美"、星汉灿烂,而宋城却独具一格、璀璨夺目。

何谓宋城?一是城市存有丰富的宋代历史文物和建筑遗存,二是宋文化至今对城市发展仍有深远影响。二者缺一不可,前者体现为对历史文化的保护,后者则注重对历史文化的传承。本书选取的20个代表性城市,是天下宋城的一个缩影。尚未全面,略窥一斑。

有宋一代,无疑是中华民族历史上极为特殊,又盛极一时的时期之一。正如宋史大家邓广铭所说:"两宋期内的物质文明和精神文明所达到的高度,在中国整个封建社会历史时期之内,可以说是空前绝后的。"[1]

经济上,放松"重农抑商"政策,建立了检校库、抵当所等

---

[1] 邓广铭:《宋史十讲》,中华书局2008年版,第3页。

官办金融机构,并发行了最早的纸币"交子",海外贸易税收亦成为国家财富重要来源,农耕古国迎来了商品经济时代。据推测,北宋的GDP占当时世界经济总量约1/5,也有人认为可能更高,虽然数据测算有差距,但其经济发达的事实是不可否认的,很长时间里都保持了社会安定、农商活跃、百姓殷实,富宋的称谓当之无愧。

政治上,庆历新政、熙宁变法等深刻改变了宋代政治格局,也为我国古代政治制度演进提供了鉴戒;科举制完善发展,让官僚政治取代士族政治,并加强了中央集权,国家很少再出现大分裂局面;与其他朝代多实行思想禁锢政策不同,宋代私学兴起、理学昌盛,政治开明和思想包容可圈可点,令不少人为之向往,就连英国历史学家汤因比都对其赞赏不已。[1]

科技上,毕昇发明了活字印刷,比欧洲早了400年,指南针和火药也得以改进并广泛应用;苏颂、韩公廉等人发明制造的水运仪象台,是世界上最古老的天文钟;李诫所著《营造法式》集历代建筑之大成,是我国存世最早、最完备的建筑学著作;秦九韶的《数书九章》继承并发展了中国古代数学精髓,代表了中世纪世界数学研究的主流和最高水平,正如数学家梁宗巨所说:"那时欧洲漫长的黑夜犹未结束,中国人的创造却像旭日一般在东方发出万丈光芒。"[2]

---

[1] 阿诺德·汤因比:《人类与大地母亲——一部叙事体世界历史》(下卷),世纪出版集团、上海人民出版社2012年版,第451页。

[2] 梁宗巨:《世界数学史简编》,辽宁人民出版社1980年版,第418页。

文化上，欧阳修、苏洵、苏轼、苏辙、王安石、曾巩等被誉为"唐宋八大家"的文豪纷纷登上历史舞台，以绝世才华照亮了大宋星空；关学、濂学、朔学、洛学、蜀学等诸流派各领风骚、交相辉映，形成百家争鸣的学术盛况；张择端的《清明上河图》、王希孟的《千里江山图》、"苏黄米蔡"的书法、宋代的五大名窑……宋人的美学理念更是将中国艺术推向历史巅峰，并以"风雅"传颂后世。对此，历史学家陈寅恪无比慨叹："华夏民族之文化，历数千载之演进，造极于赵宋之世。"[1]

的确，放在大历史观的视域里，用现代视角重新审视，宋代的这一系列变革对中国乃至世界的影响称得上是划时代的，以至于日本学者内藤湖南提出了"唐代是中世的结束、宋代是近世的开始"的"唐宋变革论"。[2] 需要看到的是，正是这些变革，造就了横亘古今、无比蓬勃的大宋，从而孕育出一大批千古流芳、享誉中外的宋城。

北宋时期，汴京（今开封）作为都城，是当时世界上最大、最繁华的城市之一，其规划管理水平首屈一指，市场、工坊、书院、寺庙等生活文化设施完备齐全，人员往来频繁，商贸活动发达。散文家孟元老在《东京梦华录》中描述道："雕车竞驻于天街，宝马争驰于御路，金翠耀目，罗绮飘香。"[3] 进入南宋，都城迁至临安（今杭州），其迅速崛起为王朝中心。新都以迷人的景色、活跃

---

[1] 陈寅恪：《金明馆丛稿二编》，生活·读书·新知三联书店2001年版，第277页。
[2] 《内藤湖南全集》第5卷，东京筑摩书房1972年版，第309页。
[3] 孟元老：《东京梦华录》（邓之诚注），中华书局1982年版，第4页。

的贸易和浓厚的文化氛围吸引了无数文人雅士,留下了许多不朽的诗篇和艺术珍品。诗人杨万里诗云:"毕竟西湖六月中,风光不与四时同。接天莲叶无穷碧,映日荷花别样红。"其时,还有"绿杨白鹭俱自得,近水远山皆有情"的诗意天堂苏州,"上连牛斗横天阔,下带江淮据广平"的大运河原点扬州,"州南有海浩无穷,每岁造舟通异域"的海贸中心泉州,"八镜台前春水生,涌金门外万舟横"的江南望郡赣州,"瓦屋寒堆春后雪,峨眉翠扫雨余天"的"三苏"故里眉山,"云散月明谁点缀,天容海色本澄清"的海岛之城儋州等。

那么,宋城在营建上到底有什么特别之处,值得深稽博考、潜精研思呢?这就需要从时间之轴和空间之轴两个维度,对其历史坐标作一个清晰的梳理和研判。

从纵向时间之轴看,在整体规划上,宋代进一步凸显了城市中轴线的作用,尤其是都城更是以此为主脊和轴线,两侧建筑均围绕中轴线形成较完整的礼制序列。同时,与隋唐时期格局不同,宋代逐步形成以宫城为中心、外围设内外城的规制,此后的金中都、元大都、明南京城和明清北京城,均沿袭了这一传统。在布局设计上,宋代打破了封闭的"里坊制"格局,取而代之的是四通八达的开放性街道,严苛的宵禁制度也趋于人性化直至取消。在建设理念上,宋代更加注重城市与自然环境的融合,倡导因山就水、因地制宜、因势而筑，将河湖水系、给水排水、漕运系统以及园林绿化等纳入全局一体谋划，这一理念在后来的明清北京城营建上，得到了绝佳的发挥。在功能定位上，宋城兼具多元化、综合性特征，往往集政治、商业、生活和军事等功能于一体。在建筑风格上，相比秦汉的恢弘朴拙、盛唐的雄浑庄严，宋代建筑语言愈发写意自然，建筑物的屋脊、屋角有起翘之势，突出了意境之美和装饰效果，使宋城成为一种独特的审美存在。

从横向空间之轴看，在城市规模上，同时代地球另一端的西欧仍处于封建割据时期，"新兴城市"刚开始萌芽，伦敦、巴黎、威尼斯等名城人口尚处在 10 万上下。而宋代则造就了彼时世界上唯一一个百万级都市，并有多个 10 万级以上城市。在规划管理上，西欧中世纪的城市多带有"自发性"特点，缺乏统一规划和规范管理，街道脏乱、民居破旧，堪忧的卫生环境甚至导致了传染病大流行。而宋城营建则遵循必要的礼制秩序，又兼顾住宅区与商业区等错落有致的灵活性，更便于有效规划和管理。在建筑特征上，基于各自地理环境、文化习俗等因素，西方建筑多采用石材，也不同程度体现了理性逻辑、个体意识和宗教信仰等内涵，无论是罗曼式建筑、中世纪教堂，还是哥特式、拜占庭式建筑均系如此。而宋城则集中彰显了中国古建筑的特征，强调群体意识，推崇"天人合一"，讲究左右对称，以木材、砖瓦为主要建材，斗拱、榫卯也开始广泛应用，建筑文化和艺术形式均自成一脉。

繁华落尽，云卷云舒。"闲登小阁看新晴。古今多少事，渔唱起三更。"在陈与义的《临江仙·夜登小阁，忆洛中旧游》一词中，多少个王朝的荣光与挽歌，都付于夜半渔翁的歌声。而小阁之外，一幕幕节物风流、人情和美，一幕幕国仇家恨、贞元会合，都在历史的潮起潮落中泛起波澜。前有"靖康之变"，后有"崖山之战"，两宋凋零的朱颜终究无法逆转，而未被硝烟尽毁的宋城则注定留予归霞。正是这一抹不灭的归霞，让一座座宋城保存了跨越历史周期的力量，迎来又一轮曙光，循环往复，蝶变重生。

诚然，知古是为了鉴今，思来路并非回老路。究竟应以什么样的科学态度来看待历史文化及其遗产？唯物史观告诉我们，必须戴上两副眼镜，一曰"历史"之镜，二曰"辩证"之镜。事物从来不是孤立存在、单向度演进的，均离不开其所处历史时代和社会主客观条件的综合影响，厚今薄古、竞今疏古不行，尊古卑今、以古非今亦不行，这就决定了看待历史文化及其遗产既不能仰视，也不能俯视，而应当平视。同时，历史文化尤其是非物质文化遗产更是复杂多样的，往往是先进与落后并存一体、智慧与愚昧兼而有之，不能不辩证分析、一分为二，取其精华、去其糟粕，好的代表优秀文化形态的要保护传承，不好的带有落后腐朽因素的要鉴别剔除，这就是扬弃。

千年一眼，说不尽宋城烟云；一眼千年，道不完沧桑巨变。吹响呼吸，吐故纳新，昔日的污垢灰尘历经岁月风雨已然冲刷干净。在扬弃进程中，能够把印迹留住，并不断孕育新生的，谓之不朽。在开封，宋代州桥遗址充盈着浓厚的历史沧桑感和文化韵味，这不仅是历史遗迹，更是思接千载、诉说古今巨变的活化石，踏入其间即可感受宋城的万千气象。在杭州，"老市长"苏东坡走遍西湖山水，以诗词歌赋颂扬这里的秀美，也解决了西湖淤塞等民生难题，正是这样一位获狂草书家李志敏赞许的"全才式的艺术巨匠"，成为这座城市永远的文化符号。在景德镇，这个由宋真宗赵恒赐名的"瓷都"，如冰似玉的瓷器承载了宋人的匠心独运和对美的极致追求，仿佛每一缕窑火中都跳跃着那个时代的脉搏。在福州、吉安、九江、黄冈、潮州、惠州、定州等地，也都十分重视宋代历史文化遗产的保护传承，并把宋城作为引以为傲的城市名片和特色风貌。这样的城市，真正无愧于宋城这一雅号。

新时代新征程，历史文化保护传承事业迎来最好的发展时期。党的十八大以来，习近平总书记就加强城乡历史文化保护传承作出一系列重要论述，系统回答了"为什么保护传承""保护传承什么""怎样保护传承"等重大理论和实践问题，是习近平文化思想的重要组成部分，为做好工作指明了前进方向、提供了根本遵循。住房城乡建设系统始终坚守在保护传承城乡历史文化的一线和前沿，倪虹部长在《求是》杂志撰文提出，要深入学习贯彻习近平总书记重要论述精神，切实担负起新的文化使命，持续在真重视、真懂行、真保护、真利用、真监督上下功夫，科学处理四个关系，扎实推进城乡历史文化保护传承工作。①

——保护与发展的关系。历史文化遗产不仅是祖先留给我们的宝贵财富，也是一个城市的文脉和割舍不断的乡愁。对待历史文化街区和历史文物、建筑遗存等，需要确立在保护中发展、在发展中保护的理念，把其当作城市的最大特色和最具价值的核心竞争力。兴化府历史文化街区至今保存着宋代以来的里弄街巷肌理格局，是莆田历史文化名城的核心部分，当地多措并举开展整治修缮，留住街区原住民，保存街区烟火气，做到了见人见物见生活。

——保护与民生的关系。传统街区、古建筑既是历史文化的鲜活物质载体，也是城乡居民生产生活的重要空间载体。要把保护工作与民生改善结合起来，完善基础设施、公共服务设施，打造宜居环境，让居民住得安心、住得舒心。绍兴八字桥历史文化街区为解决周边居住环境较差问题，实施了架空线入地、增设室内卫生设施、地下管网改造等举措，既保存了历史风貌，也增进了民生福祉。

——保护与利用的关系。打动人心的才是美，穿越时空的才是韵。对于历史文化遗产不能拆旧建新、拆真建假，也不能围而

---

① 倪虹：《扎实做好新时代城乡历史文化保护传承工作》，《求是》2024年第8期。

不修、修而不用，而是要护好根脉、留住韵味，让这些资源活起来、用起来，给百姓带来实惠。正定连续实施古寺群落修缮、阳和楼复建、荣国府周边环境整治等传统风貌恢复提升工程，将古城保护和活化利用融合起来，促进了文旅产业发展。

——单体保护与整体保护的关系。对于历史文化遗产，必须有系统完整保护这根弦，既要保护单体建筑，也要保护街巷街区、城镇格局，还要护好历史地段、自然景观和人文环境。抚州金溪在注重修缮古桥、古巷、古井、门楼、祠堂的同时，也对集中连片传统村落实施整体保护，实现了历史风貌和生活环境的系统保存、全面改善。

没有什么是永恒的，惟有历史；没有什么是无价的，惟有文化。宋城的归霞与曙光，刻画了岁月的年轮，蕴含着古韵与新生。今天，宋城的故事仍在继续，也必将愈发精彩！

目录

开封 大河激荡下的京华烟云
　　古都的文化坐标 _ 003
　　立体"东京梦华录" _ 015

杭州 赓续"宋城华梦"
　　淡妆浓抹总相宜 _ 033
　　西子湖畔风雅"宋" _ 046

绍兴 陪都的峥嵘岁月
　　满城春色宫墙柳 _ 057
　　双向奔赴的家国 _ 065

扬州 "运"载千秋
　　水润淮左名都 _ 075
　　才子烟花皆醉人 _ 082

苏州 姑苏之平江弦歌
　　何以"人间天堂" _ 095
　　千年文华依旧 _ 103

福州 有福之州
　　山水皆有福 _ 113
　　"闽都才子"来相会 _ 121

泉州　宋元时期的海贸中心
　　海丝之路自此开 _ 131
　　文如"泉"涌 _ 139

莆田　文献之邦沁宋韵
　　蒲草之滨有大爱 _ 149
　　兴化府的"文"与"武" _ 156

九江　九派浔阳郡
　　"吴头楚尾"的胸怀 _ 167
　　天理与大义的交响 _ 176

吉安　春风化雨沐庐陵
　　"琅琅"声自远 _ 187
　　书院的另一重价值 _ 194

赣州　走过千年的海绵城市
　　先进的古"城建" _ 205
　　先贤在此"比邻而居" _ 212

景德镇　不熄的窑火之城
　　瓷业高峰是此都 _ 223
　　"景"上添花 _ 230

抚州　临川翰墨长
　　低调的"才子之乡" _ 239
　　文星耀城迹 _ 246

眉山　千载诗书城
　　"三苏"故里寻故人 _ 257
　　遗构话沧桑 _ 266

黄冈　千古风流赤壁
　　"遗爱"散落黄州城 _ 275
　　失意与诗意 _ 283

潮州　岭东首邑领新潮
　　一座城的三个侧影 _ 293
　　潮居建筑尽风流 _ 300

惠州　不辞长作岭南人
　　半城山色半城湖 _ 309
　　逐客燃起文化星火 _ 316

儋州　海南万里真吾乡
　　词人的海之缘 _ 327
　　辟开瘴海大文章 _ 333

定州　九州咽喉地
　　寻访国色天工 _ 343
　　士大夫的理性与知性 _ 349

正定　正古定今
　　"三关雄镇"的凝眸 _ 359
　　于廊柱间感知文脉 _ 368

后　记 _ 379

开封
大河激荡下的京华烟云

北宋佚名《景德四图》之《太清观书》

古都的文化坐标

"公元960年宋代兴起，中国好像进入了现代，一种物质文化由此展开。货币之流通，较前普及。火药之发明，火焰器之使用，航海用之指南针、天文时钟、鼓风炉、水力纺织机、船只使用不漏水舱壁等，都于宋代出现。在11-12世纪内，中国大城市里的生活程度可以与世界上任何其他城市比较而无逊色。"[1] 历史学家黄仁宇在《中国大历史》中如是说。

放在大历史观视域里审视，步入"现代"的宋朝亦呈现出看似矛盾的两面：一面，"生于忧患，长于忧患"，奉行"重文抑武"国策，以至于在史书中留下"积贫积弱"的一笔；另一面，放松"重农抑商"政策，造就了盛极一时的"富宋"，前所未见的文化、艺术、社会与科技繁荣，孕育出超凡脱俗、大道至简、丰盈精致的人文风雅。这些，点亮了开封这座古都的文化坐标，更形成了属于宋代的独特韵味。

---

[1] 黄仁宇：《中国大历史》，生活·读书·新知三联书店2002年版，第128页。

"城摞城"摞了几座城

如果把古代开封视为一本书，那它的情节注定跌宕起伏——收笔惊鸿，中篇浩阔，而起笔却神秘缥缈。

上古时代，黄河冲积大平原西部边缘，平坦的地势、温和的气候、密布的水网，让这里成为适宜农业耕作的理想家园。在开封市祥符区万隆乡万隆岗遗址和尉氏县洧川镇断头岗遗址，发现了多处新石器时代早期裴李岗文化遗址，出土的大量陶器、骨器、石器等也曾见证，约8000年前华夏大地的先民们在开封附近聚居，并萌发出灿烂的远古文明。

在今天开封市东北、黄河大堤外，安眠着传说中的"文字始祖"仓颉。相传上古时代人们用绳结记事，遇到大事就打一大结，小事则打一小结，相连的事打一连环结，后来又发展到用石刀在木竹上刻符号记事。随着文明演进，人们遇到的事情越来越复杂，比如在黄帝时代，舟、车、弓箭等生产和军事技术被发明出来，也出现了养蚕等新兴产业。在此影响下，作为黄帝史官的仓颉通过观察鸟兽足迹、器物形状，创造出一种可以承载更多信息的复杂符号，并命名为"字"。

据南宋诗人罗泌所撰的《路史》记载，仓颉居住在阳武，死后葬于利乡。[①] 两地均在今开封附近。虽然仓颉造字和埋葬之地有诸多争议，但不可否认，文字的出现让中华文明有据可查。

明确的文献记载，也将开封的"前世今生"完整呈现于世人眼前。第一个在开封建都的是夏朝。夏君主杼曾迁都至今开封市祥符区黄河大堤南岸的国都里村附近，史称"老丘"。

春秋时期，为了争霸中原、开疆拓土，郑国君主郑庄公在位于国土边陲之地的今开封市祥符区朱仙镇附近，修筑了一座规模超过国都的储粮仓城，取"启拓封疆"之意，将这里定名为"启封"。

[①] 参见罗泌:《路史》，中华书局1985年版，第29页。

开封龙亭湖

开封　大河激荡下的京华烟云

其后,"战国七雄"之一魏国的君主魏惠王将都城从安邑迁往启封,并更名"大梁"。随之,大梁城得到了快速发展——引黄河水灌溉周边的田地,促进了农业发展;疏通了黄河与淮河间的主要水道,便利了水运交通。而"孟子游梁""窃符救赵""孙庞斗智"等脍炙人口的历史故事,也发生于这一时期的大梁。

公元前225年,秦王嬴政派将军王贲攻打魏国,包围了大梁。此时,魏军坚守城池,秦军多次攻城都无功而返。王贲观察城外地形,发现大梁建在一片洼地上,就挖掘人工渠,引黄河、鸿沟之水灌城。奔腾的河水在城外泛滥数月,夯土制成的城墙被浸泡后坍塌,秦军涌入城中,魏国灭亡。

西汉景帝刘启即位后,因避其名讳,改"启"为"开",易名"开封",这就是其名的由来。

南北朝时期,昔日临城的鸿沟已更名为"汴水",开封城因此得名"汴州"。到了隋朝,汴水成为贯通中国南北的大运河主干之一,即"通济渠"。由于开封位于运河要冲、毗邻东都洛阳,遂成水运交通枢纽。唐天祐四年(907年),朱温废除唐哀帝建立梁朝,建都开封。随后,后晋、后汉、后周相继在此设都。由此,开封取代洛阳,成为当时中国的政治和文化中心,并多了一个名字——"东京"。

从老丘、启封到大梁,再到汴州、东京,王朝的更迭,一次次将不同的名字叠加在同一个开封之上,而古老的民谣"开封城,城摞城;地上城一座,地下城几层?"似是历史留给这座城市的"幽默",道出城名变迁的往事;悄然把悲怆藏进只言片语——奔流不息的大河润泽两岸,也无数次因决口改道,把繁华都市变成一片汪洋。自1981年开始,考古工作者对开封城市地下进行发掘,考察土层年代和遗迹后,发现地下共埋有6座古代城池,从下到上分别是战国时期大梁城、唐代汴州城、五代及北宋东京城、金代汴京城，以及明清两代开封城，以至于出现了考古学界的一个术语——"古今重叠型城市"。

墙摞墙、路摞路，一层泥沙一层城，新城建在老城上。然而，无论开封多少次被掩埋在泥沙之下，南北中轴线也从未改变，它看遍花光满路、节物风流，也见证刀光剑影、城头变幻大王旗。文明熔炼，安土重迁，既是古城引以为傲的"千年未变中轴线"含义，也是贯穿古今的"城市文化坐标"。

"平广四达"的万千气象

东京城的繁华肇始，要从一条街巷说起。公元 937 年，一个乳名唤作"香孩儿"的 10 岁男孩随父亲举家迁至此地，居住在新曹门里的鸡儿巷内（今开封市老城区东偏北区域）。两年后，他的弟弟在此出生。"香孩儿"或许不会想到，多年后，他的大名赵匡胤会以"北宋开国皇帝"之名载入史册，而他的弟弟就是宋太宗赵光义。一条小巷，两位皇帝，名声大噪的"鸡儿巷"遂得名"双龙巷"。

后周显德七年（960 年）正月初四，殿前都点检赵匡胤发动陈桥兵变。这位后周"禁卫军司令"授意手下为他披上黄袍，兵临国都东京城下。守城将领石守信、王审琦开城迎接，胁迫后周恭帝禅位。赵匡胤登基，建立宋朝，史称"宋太祖"。

定都，是一个王朝建立后的头等大事。作为国家的"神经中枢"，都城兹事体大，事关命脉。从我国封建王朝建都传统看，之前的许多开国君主往往有两个选项，首选自然是长安。长安的地位不言而喻——"四塞之国，被山带渭"大都邑，地势险要、易守难攻，且有汉、唐等繁盛王朝建都史，具有强烈"正统"意味。然而，此时的长安城经历唐末战乱，宫室城池凋敝，从经济角度

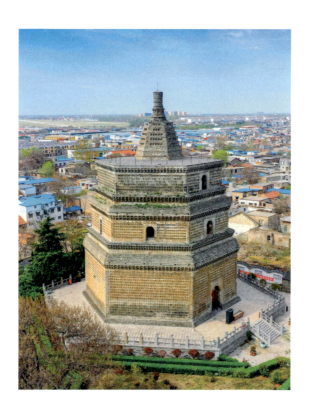

开封繁塔

看不具备建都价值。

  第二个选项是洛阳。自古洛阳就有"天下之中"的美称,在战略上,此地"河山拱戴,形胜甲于天下""被昆仑之洪流,据伊洛之双川,挟成皋之岩阻,扶二崤之崇山"。环绕的高山大河形成天然屏障,让其军事防御甚或优于长安,但同样经历战乱,已形同废墟,且昔日雄关虎牢关也随着黄河泥沙堆积、滩涂面积增大,无法发挥"一夫当关万夫莫开"的作用。

  留给赵匡胤的选择,似乎只剩下了后周故都东京。无奈的选择,恰恰是上天安排的最优选择。就像人生,面对山重水复的困惑,有时默认现实、坚守本心,即可拥抱用最简单的排除法带来的柳暗花明。从地理位置看，丰富的水脉和黄河冲积平原营造了广袤的产粮区，粮食稳定是社会稳定的必要前提；从交通运输看，兵马、信息、粮草，对于还处于战争状态的新生王朝尤为紧要。据《宋史·河渠志》记载："以大梁（东京）四方所凑，天下之枢，可以临制四海。"① 水运，让东京成为王朝版图的中心，战备物资从这里出发，无论前往江南吴越，还是西南巴蜀，抑或与辽对峙的北方边境，运输时间都相对均等。

从经济社会发展看，宋初的东京城俨然是"一线城市"——数个王朝的建都史，让它的规模足够庞大，而早在后周显德三年（956年），朝廷曾动员数十万百姓扩建城区，形成了完备的内外城体系。前朝大兴土木，留给了新朝一座规划严整、经济繁荣、物产丰厚的"坐享其成"之地。

北宋一朝战事频繁，东京城既无山峦天堑可守，又面临黄河泛滥威胁，就修建了复杂的城防体系。第一道防线，是在城外开凿有10余丈宽的壕沟，从河流引水，既阻挡敌军，也把水引向城内，并设置了特殊的城防设施"水门"。第二道防线，是一道5尺高的矮墙"羊马墙"，据宋人陈规《守城机要》记载，羊马墙的用途是在其内部设下伏兵，用长枪攻击渡过壕沟的敌军。第三道防线，是周长四五十余里的主城墙，主城墙围起的外城内，还有"内城"和最内部的"皇城"，形成"三重城"格局，不仅让城市"固若金汤"，也体现了"天地人归中""抱一守中"等思想。

城内纵横交错的河道，既满足了城内居民用水需要，又与运河相连，水运交通便利，漕运中枢完善，让商业运转成本得到控制，各类物资得以高效流通。城与池、水与陆的综合建设，铺开了东京城的防御网，也织就了交通运输网和商品流通的财富网，北宋翰林学士李清臣在《重修都城记》中就有这样的描述："惟我汴京，气象宏伟，平广四达。"②

---

① 《宋史》卷93《河渠三》，中华书局1985年版，第2320页。
② 曾枣庄、刘琳：《全宋文》第78册，上海辞书出版社2006年版，第330页。

宋徽宗《听琴图》

"四方所凑"的沃土上,"平广四达"的东京城灯火璀璨,点亮了曾经的"双龙巷",也开启了一个时代的万千气象。

走入《清明上河图》

北宋宣和年间的一天,"翰林待诏"张择端正在制作一件特殊的礼物:这是一幅很长的画卷,描绘的是东京城繁华的市井风貌,准备献给皇帝宋徽宗作为生日礼物。

宋徽宗赵佶酷爱书画,在书法、绘画方面的造诣极高,特别是对拥有复杂细节刻画的工笔画和描绘宫室、楼宇、殿阁的界画青睐有加。"艺术皇帝"主持创办了宫廷书画机构"宣和画院",选拔了一大批优秀书画家入宫任职,擅长界画技法的张择端就是其中之一。

画卷徐徐展开,首先映入眼帘的是宁静的乡村。零星茅草为顶的低矮民房掩映在树丛中,几头毛驴驮着重物慢慢走来。突然,一匹受惊的马冲进画面中,吓坏了路旁玩耍的孩童,也让拴在茶棚外的另一匹马受到惊吓,在一名茶客的注视下,扬起前蹄,翘起尾巴。

船只往来穿梭的汴河从乡村流进城中。河面上,一艘满载货物的大船即将通过虹桥,可船上的水手似乎忘记提早放下桅杆,正七手八脚地在船顶篷上忙碌,而另一艘大船正在快速抵近,危险的局面让桥上的行人忍不住倚栏张望,使本就满是商贩、行人、轿队的桥面更加拥挤。

虹桥连接的汴河两岸,是交错的路网和鳞次栉比的店铺。云集的商贾、络绎不绝的行人,牛马车、人力车、平头车……人潮车流中,以彩帛、灯笼装饰的豪华酒肆"正店"正准备开张迎客,路旁零售食品酒水的小铺"脚店"里也早已人声鼎沸。大小商铺酒肆纷

清明上河图(局部)

纷悬挂起属于自己的"广告"——店铺名称抑或特殊符号"商标"。

东京城中最大的店铺"樊楼",由五座高楼组成,底层是大堂散座,供普通顾客就餐;二楼和三楼叫"阁子",供有钱的客人使用。站在最高的阁子里,甚至可以眺望皇宫内的景观。据《宋会要辑稿》记载,仅樊楼一家正店,就为很多家脚店供销酒水。①

东京城里的人吃什么?画中的汴河,不仅带来了百年通衢之利,也将南国海鲜河鲜送上北国餐桌,比如,在杏子青青、梅子返黄的时节,东京城正店中或有时令菜"蒸鲥鱼"。

"青杏黄梅朱阁上,鲥鱼苦笋玉盘中,酩酊任愁攻。"宋人王琪笔下的《望江南·鲥鱼》给鱼与酒的至味增添了淡淡忧愁,而在画中悬挂"孙羊店"招牌的正店前,来自北方的羊肉捕捉着往来行人的食欲。食客在享用羊肉时,往往会佐以珍贵的胡椒——这种还未走进寻常人家的香料沿丝绸之路而来,在没有辣椒的岁月中,给食客的味蕾送去一份别样的刺激。追求奢侈的老饕们也

---

① 参见徐松:《宋会要辑稿》(食货二),上海古籍出版社2014年版,第4551页。

开始用更加昂贵的芝麻油炸制食物,而享用一顿"炸物"所消耗的油钱,在家境殷实的市民阶层看来,也是"天文数字"。至于今天被广泛用于榨油的油菜籽,则被宋人种在地里,长出被称为"芸薹"的油菜,水煮后端上普通百姓的餐桌。

东京人懂得吃,也懂得享受生活便利。纸币"交子"的出现让行人客商不用再携带沉甸甸的铜钱,发达的商品经济也催生服务业发展,画面中,北宋"外卖小哥"正提着装满菜肴的盒子穿梭在酒肆与府宅间,让足不出户的市民也能大快朵颐。街道一端,悠悠走来几头骆驼,来自西北的"奇货",流入东京城大小市场,也将灯红酒绿的宋代都市文化,随驼铃传到远方。

张择端落笔,是一片"歌楼酒市满烟花,溢郭阗城百万家"。所成之画,就是举世闻名的《清明上河图》。所谓"清明",并非节气,而是"政治清明"下的盛世图景。宋徽宗得到这份礼物,兴致勃勃地在画卷一端题字、盖章,收为珍藏。他看到细腻的笔

《清明上河图》局部线描图

触,把东京繁华浓缩在画卷中,却似乎没有体味到,画中衣衫褴褛的饥民在街头流浪,衣着光鲜的文人雅士在酒肆高谈阔论;他看到运粮船在汴河水道穿梭,却似乎没有察觉,船上不见押送粮草的士兵踪影;他看到大桥横跨长河,却似乎没有在意,桥的两头,文官和武将仪仗在桥上相遇却互不相让,引发激烈争执……

"朱门酒肉臭,路有冻死骨""私粮贩运,官府无视""文武对立,体制崩坏"……或许,张择端在用属于画家的方式谏言,又或许,书画皆精的宋徽宗看懂了一切,可与国运昌盛、四海升平的"宣和风华"相比,一个画匠"小心思"、几段市井"小插曲",又能算得了什么?

《清明上河图》绘成后不久,"宣和"结束,迎来"靖康"。

立体『东京梦华录』

文化之所以有价值，之所以永恒，一个重要原因就在于它的导向作用——引领历史进步、促进时代发展，同时也在于能唤起人对自身、对大我、对社会的思考。当我们拿起历史的放大镜和显微镜俯瞰东京城，理解历史、品读时代、细数变迁的过程，其实就是把对过往、今朝、未来的审视和瞭望贯通的过程。如此说来，东京城从未尘封，它就"活"在当下，并以足够的历史自信和文化底蕴走向未来。

浩大的"城市改革"

看罢《清明上河图》，或许会产生这样的错觉：如果将木构建筑换成钢筋水泥建筑，将牛马车换成汽车，将夯土路换成柏油马路，那东京城的生活和现代都市可能没有太大差异。交通、商业、餐饮、娱乐，现代服务业业态已初现峥嵘，很难想象千年前宋人的市井生活会如此丰富多彩。

据《宋史》记载，北宋东京城人口达到了 100 万左右，[①]"八荒争凑，万国咸通"，城市规模的扩大，人口数量的膨胀，让城市化与商业化同步发展，不仅催生了从事商业的"市民阶层"，也让商业活动更加依赖城市，进一步加速了古代城市化进程。

这一切，得益于一场轰轰烈烈、声势浩大的"城市改革"。

改革的第一项成果，是打破"坊市"藩篱。"坊市制"也称"里坊制"，宋代以前，各朝统治者为便于管理城市及其附属居民的生产活动等，将城市空间分割为"坊"和"市"，其中"坊"是指居住区和生产区。居住区主要由民房建筑组成，生产区是诸如冶炼钢铁、制造工具、加工粮食等各种手工作坊。这些"坊"被土制坊墙包围，设有坊门。进入坊内，就处于独立"社区"，但和今天社区不同，这些古代"社区"具有高封闭性，政府机构会对各坊实行严格的区域管理政策，坊内不能出现商业交易等活动。与"坊"相对，"市"是商品交易场所，市内商贾云集，在监管机构管理下，于规定的时间内"开市""关市"。市民如需购买商品，要在开市时间专程赶到市中，并在关市后返回坊内。

坊市制的巅峰出现在唐代。如果步入当时的"世界大都会"长安城，几乎不会看到大街小巷人声鼎沸的热闹景象，眼前只有宽阔的朱雀大街，街道两侧就是土黄色的坊墙，可一旦进入"东市""西市"，就像来到了另一个世界：琳琅满目的商品，充盈着各国奇异物品的店铺以及络绎不绝的行人。

唐代诗人白居易曾登上乐游原观音寺内的高台，俯瞰长安城，写下《登观音台望城》：

百千家似围棋局，十二街如种菜畦。

遥认微微入朝火，一条星宿五门西。

"十二街"虚指长安城内纵横排列的大街，这些街道成为坊和市的界限，把城区切割为 109 个如棋盘和菜畦般方形区域。仅有

---

① 参见《宋史·王安石传》，中华书局 2011 年版，第 10546 页。

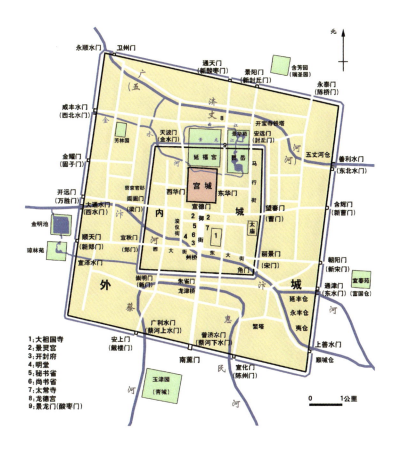

北宋东京城示意图

的亮光,是文武百官入朝行进时的灯笼和火把,像漆黑夜空中的星宿,一路向大明宫延伸。

坊市分设的格局,也体现出当时城市重心在政治与军事。晚唐时期,战乱不断,社会体系崩溃,坊市格局被逐渐打破。宋朝时刻面临辽、金、西夏等军事威胁,需要维持规模庞大的常备军。巨额军费支出让中央政府不得不提高商税等税赋,于是重商思想兴起,商业活动有了更多施展空间,最终实现坊市融合,形成"坊中有市,市中有坊,相辅相成"的新城市格局。

北宋 张择端 清明上河图（局部）

改革的第二项成果,是摆脱"宵禁"枷锁。在坊市制时期,夜幕降临,坊门关闭,城防士兵在街道上巡逻,不允许任何居民在坊外活动。宵禁的最大作用是直接管控城市活动,稳定社会秩序,战时更是国防保障的重要手段。随着重商思想发展,市民阶层成为宋朝统治的经济基石,其较高的消费和经营需求,让统治者结束了宵禁,出现了各时段市场,特别是"夜市"的出现,大大释放了经济活力,也奠定了现代城市服务的雏形。

东京"不夜城",塑造了多元城市文化,瓦舍、勾栏等娱乐场所出现,也不断丰富着市民文化生活。北宋词人柳永用一首《看花回》展现了他眼中的东京城风情:

玉城金阶舞舜干,朝野多欢。九衢三市风光丽,正万家、急管繁弦。凤楼临绮陌,嘉气非烟。雅俗熙熙物态妍,忍负芳年。笑筵歌席连昏昼,任旗亭、斗酒十千。赏心何处好,惟有尊前。

酒楼中莺歌燕舞,市场上应接不暇,沉溺其中的词人发出了"忍负芳年"的感叹。

北宋靖康二年(1127年),金军再次南下,兵锋直指东京城。无险可守的广阔平原让金军势如破竹。文人雅趣、霓虹艳影织就的人间繁华,一半与残阳一起被驮上马背,另一半则辗转流入江南烟雨。

值得一提的是,从东京城出逃的人群中,有一个叫孟元老的人,避居南国时总会想起那些城中日子:去大相国寺集市淘奇珍异宝,到州桥夜市品珍馐美馔,在勾栏瓦舍赏歌舞表演,走上虹桥看船来船往……于是,他把记忆里的欢愉写进笔记,成就了一本传颂后世的《东京梦华录》。近千年后,现代开封以《清明上河图》《东京梦华录》为蓝本,根据《营造法式》的记录,打造了再现东京城街市的"清明上河园"。音乐、歌舞、杂技等风俗,汴绣、官瓷、木板年画等艺术,虹桥、码头、楼阁等建筑,共同勾勒出流动的画卷，让人仿佛置身北宋，走入孟元老眼中的多彩生活。

再现"州桥明月"

中国四大名著之一的长篇小说《水浒传》中，但凡讲到东京城里发生的事，州桥总会频频出现——杨志在州桥上卖刀，"元宵夜闹东京"时，梁山好汉数次出现在州桥附近等。

州桥，又名"天汉桥"，是一座横跨汴河的石桥。《东京梦华录》记载："夜市比州桥又盛百倍，车马阗拥，不可驻足，都人谓之'里头'。"[1]

如果宋人也发"朋友圈"，或许会是这样的画面：州桥一端是灯火通明的"大内御街"，尽头是人头攒动、车马拥挤的"州桥夜市"；站在桥上，南望恢宏的朱雀门，北眺高耸的宣德楼，大相国寺悠悠晚钟声里，一轮明月升，定格"州桥明月"绝景。

州桥见证了浮华梦，也承载了伤别离。北宋熙宁九年（1076年），王安石丢掉相位，离开东京，退居江南金陵。曾几何时，面对朝中冗官、军队冗员、国家"积贫积弱"的现实，他决心制定新法，改革国家旧法度。这是一场充满理想主义的变法：青苗法、募役法、将兵法等直指冗官、冗员、冗费三大弊端，既给国家经济打"强心针"，也为庞杂低效的政治体制"瘦身"。然而，理想主义的局限性也充分暴露——试图改造世界却高估了现实基础和条件，就像给"老树"强接"新枝"，既开不了花，也会伤了树干。本意扶贫的青苗法，执行时却成了强制"贷款"，让本就挣扎于生计的百姓更苦不堪言，加之改革触动官僚和地主阶层利益，招致强烈抵制，经年痼疾的病体如何能承受这样一剂猛药，反而加深了躯体的病痛，一度轰轰烈烈的变法以失败告终。

---

[1] 孟元老：《东京梦华录》（邓之诚注），中华书局1982年版，第82页。

开封古城中轴线

北宋官窑纸槌瓶

又是一轮明月升,想到南下途中听到的百姓对变法的骂声,想起东京城中的灯火烟花,昔日对峙满朝保守派势力的"拗相公",把藏在心底的落寞惆怅写进《州桥》:

州桥踏月想山椒,回首哀湍未觉遥。

今夜重闻旧鸣咽,却看山月话州桥。

近100年后,州桥上又传来了更多呜咽声。南宋乾道六年(1170年),范成大奉命使金。此时北宋已经灭亡40多年,经过故都东京城,他在日记《揽辔录》中记录下这样的情景:"新城内大抵皆墟,至有犁为田处。旧城内粗有市肆,皆苟活而已。"[1]

皆墟、皆苟活,不知范成大是怀着怎样的心情凝视故国故都,但想必是见到了往昔的"州桥明月":

州桥南北是天街,父老年年等驾回。

忍泪失声询使者,几时真有六军来?

---

[1] 《范成大笔记六种》之《揽辔录》,中华书局2002年版,第12页。

饱经风雨、白发苍苍的北宋遗民看到南国来使，仍在哀恸中燃起希望，询问皇帝车驾何时返回。他们仍居故土，可国已在遥远他乡。

历史浪潮不以人的意志为转移，但布满时代尘埃的留白，总是充满悲凉——遗民不知，范成大出使目的是请求金人归还北宋皇陵，以及商讨已自称金臣的南宋朝廷，该用怎样的礼仪接受金"下发"的国书。

历史翻开新的一页，挖开厚厚的积土，州桥重见天日。巨大的青石板上还刻着造桥时的编号：坐二十、上十五、山十六……这些出自古代习字课本中的句首字，以及大型石壁上的海马、仙鹤、祥云等精美浮雕，恍然把州桥带回到修建时的岁月，等待迎接它的人潮与新一轮明月。

照亮理想的"一束光"

北宋政和二年（1112年）元宵节次日，东京城正在举办为期五天五夜的灯火盛会。忽然彩云飘浮，一群仙鹤盘旋在宣德门上，有两只落在宫殿屋顶的鸱吻上。

宋徽宗看到此般情景，以为是国运昌盛的吉兆，便执笔作画，用其独创的"瘦金体"记录下事情的原委，并赋诗一首，以"天下一人"花押，留下传世名作《题瑞鹤图》：

清晓觚棱拂彩霓，仙禽告瑞忽来仪。

飘飘元是三山侣，两两还呈千岁姿。

似拟碧鸾栖宝阁，岂同赤雁集天池。

徘徊嘹唳当丹阙，故使憧憧庶俗知。

《诗经·鹤鸣》述："鹤鸣于九皋，声闻于天。"从古至今，鹤都以俊逸优雅的外形、洁白如雪的羽毛，赢得文人墨客青睐，还以高洁品性、忠贞性情，成为祯祥象征。《礼记正义》将异象解释为祯祥："国本有今异曰祯，本无今有曰祥。"何为本有今异者？何胤云："国本有雀，今有赤雀来，是祯也；国本无凤，今有凤来，是祥也。"① 望着不曾来过的"瑞鹤"，宋徽宗坚定了"天下一人"的自信，也抒发了对国泰民安的向往。

这一时期，历史前进的车轮在华夏大地留下深刻印痕——底蕴深厚的农耕文明、疾驰铁血的游牧文明、茁壮成长的商业文明，不断激烈博弈又彼此融合；北宋经济、文化、科技繁荣发展，让各行各业展现出一派欣欣向荣的景象，庞大王朝正在开足马力前进，也留给统治者以无限施展空间。

今天，我们在很多宋徽宗绘制或收藏的书画作品上都能见到其"天下一人"的花押，其结构似"天"字，但松散又似"开"字，实际上则是取"天下一人"四字的四笔，颇有"天人合一"意味。小小的花押，隐含着这位皇帝的人生态度。倘若历史就此暂停，从封建王朝统治者标准看，宋徽宗或许还算合格——其化解了尖锐对立的改革派与保守派之间的矛盾，在中枢任用温和的保守派韩忠彦和温和的改革派曾布，试图建立调和两派的"联合政府"，但随后又驱逐了大部分保守派，任用激进改革派官员，体现了他迫切想改变时局的一面；常常绕开庞杂的官僚机构，通过御笔手诏，直接将命令下达给各部门，强化中央集权，也让政令执行更加高效；在与北宋长期对峙的辽衰落之际，加强与新崛起的金的外交关系，促成宋金"海上之盟"，并伺机夺回被辽占据的燕云十六州。

宋徽宗心中，或有"一束光"：作为王朝统治者，在一系列内政外交手段"操控"下，北宋坐拥立国以来最大版图，国势如烈火烹油；作为受万民敬仰的"官家"，大力拓展慈善事业，建立"官学"、医疗机构、孤儿院甚至乞丐墓地；作为杰出艺术家，

---

① 《礼记正义》卷53、《中庸》，中华书局1980年版，第1632页。

政和壬辰上元之次夕忽有祥雲拂鬱
低映端門衆皆仰而視之倏有群鶴
飛鳴於空中仍有二鶴對止於鴟尾
之端頗甚閑適餘皆翱翔如應奏節
往來都民無不稽首瞻望歎異久之
經時不散迤邐歸飛西北隅散感兹
祥瑞故作詩以紀其實

清曉觚稜拂彩霓仙禽告瑞忽來儀飄飄
元是三山侶兩兩還呈千歲姿似擬碧鸞
栖寶閣豈同赤鴈集天池徘徊嘹唳當丹
闕故使憧憧庶俗知

御製御畫并書

瑞鹤图

引领了绘画、文学、音乐、书法等各种艺术发展，让瑰丽的宋文化成为传之不朽的"宋韵"名片。然而，"一束光"能照多远，取决于光源功率的大小，也与传播介质相关——面对强势的金，送"岁贡"，以求安逸；面对饥馑流民和起义烽火，无视、镇压，以求安逸；面对日益危急的被动军事局面，传位儿子宋钦宗，抛却"烂摊子"，以求安逸。混乱的时局，是这光的传播介质，至于光源功率，则要反观宋徽宗本人。

靖康之变后，被囚禁于荒芜五国城的宋徽宗再一次提笔，把晚年的凄惨遭遇付诸七言绝句《在北题壁》：

彻夜西风撼破扉，萧条孤馆一灯微。

家山回首三千里，目断天南无雁飞。

何以国政荒芜？何以武备废弛？何以纵情声色？何以身死国灭？五国城的风雪给了"天下一人"漫长的反思时间，时代却没有留给亡国之君一瞬反转机会。多年后，胸怀故国河山的英雄志士几近将南来宋旗再次立于东京城上，而那"一束光"也穿透个人命运叠嶂，让一座城、一个时代、一个民族熠熠生辉。

今天的开封，依然保留着宋城东京的基本格局：高楼大厦与千年古塔相望，古老文脉在历史文化遗产保护和活化利用中传承，古今城市理想之光交融凝聚。在开封市鼓楼区生产后街，恰有家名为"一束光"的书店，仍致力于历史文化的传承。

书店开在朴素无华的民居里，门外种植数竿修竹。营业区域只有10多平方米，以文史类书籍为主，诸如中华书局的《二十四史》《资治通鉴》《历代史料笔记丛刊》等史籍，还有古城镇村、古建筑、宋画、宋瓷等研究资料。书房里陈设一张明式书桌，墙上挂着摩崖石刻拓片，处处流露出书店主人不同流俗的品位。店主表示，开书店不只为了赚钱，而是为了有个安身之所，当然更是为了满足自己平生爱书的心愿。近年来，开封的书店越来越多，政府适时推出了"城市书房"计划，加大政策引导和支持，让人感觉到这座城的振兴和繁荣。在背街小巷里开一家小书店，方便群众随时进店翻翻书，就是开卷有益，就能起到潜移默化的引导作用。中国建筑工业出版社（中国城市出版社）还给书店捐赠了100多种书籍，这更坚定了店主继续办好书店的信心。

"因为'一束光'，开封这座城市在我的记忆里，便有了不一样的意味。为传播书香留一盏灯、点一束光，这便是书店之于城市的意义吧。"这是一名游客造访"一束光"书店后写的感想。留言中还引用了一首诗："把自己活成一束光，因为你不知道谁会借着你的光走出了黑暗。请保持你心中的信仰，因为你不知道谁会借着你的信仰走出了迷茫。"

书，安顿辗转于过往的灵魂；光，照亮前进的路。光在何处？《礼记·少仪》中述："其未有烛而有后至者，则以在者告。"[①]这揭示了"光"的另一重含义——如果房间中没有烛光，当后来者进入房间时，在房间内的人要告诉他应该怎么走。于"无光"中成为"光"，是"光"的意义，也为夜路人照亮了前程。

[①] 田晓娜：《四库全书精编》，国际文化出版公司1996年版，第264页。

杭州赓续『宋城华梦』

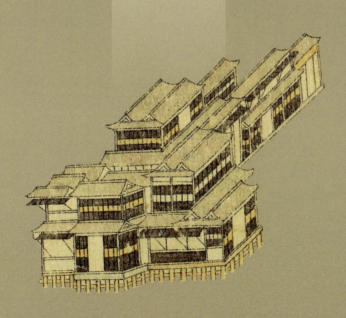

夏珪《西湖柳艇图》

淡妆浓抹总相宜

杭州,古称钱塘,隋开皇九年(589年),隋文帝改钱塘郡为杭州,这是其名之始。

杭州,本可像其他江南城市一样,以秀美的山水闻名天下,却在"不经意间"成为一个王朝的中心,接续演绎着"宋城华梦"。在历史大潮中,青峦叠嶂的翠峰、灵动隽永的诗词、晶莹通透的瓷器,与严肃的政治、激烈的战争、豪迈的英雄情怀交融在一起,酝酿出了它中和而不屈、恬雅而坚劲的独特气韵。

临安往事的开篇与伏笔

临安城的往事开篇于北宋靖康二年(1127年)。这一年,与北宋对峙的金攻克东京,北宋灭亡。当年五月,宋徽宗第九子康王赵构在应天府(今河南商丘)登基,重建宋政权,史称南宋。两年后,赵构抵达杭州,升杭州为临安府,后又将其定为"行在",意为"天子巡行所到之地"。

杭州城市俯瞰

在南宋，人们一般不愿将临安称为"都城"。《乾道临安志》《咸淳临安志》中，均标注"临安府"为"行在"，而真正的都城，依然是远在千里之外、已成为金辖区的东京。于是，"临时安居于此，有朝一日光复故土"就成了一种对临安二字的浪漫遐想。需要知道的是，临安名称的出现比"临安府"要早得多。

西晋太康元年（280年），临水县因境内有临安山，故而改名临安县。600余年后，钱镠于临安县筑城。五代十国乱世时，他建吴越国，以杭州为国都，将故乡临安县改为安国县，后屯兵治军，因军队名为"衣锦军"，也得名"衣锦城"。

时间来到建炎三年（1129年），迁至杭州的南宋朝廷为纪念钱镠之孙钱弘俶纳土归宋的功绩，将杭州以钱镠故里临安命名。从北宋开国之初"得土"，到南宋偏安"失土"，得失之间，"临安"是开篇，也是伏笔，道尽了一个朝代的起落兴衰。

最有名的西湖"代言人"

北宋熙宁四年(1071年),杭州迎来了一位特殊客人。苏轼因上书反对王安石变法的激进一面,被贬至杭州任通判。带着"君岂久闲者,蓄极而通,必将大发之于政"的政治抱负与"眼看时事力难任,贪恋君恩退未能"的矛盾心情,苏轼外放地方任职。

他的居所位于凤凰山顶,可眺望西湖。四面环山的西湖波光粼粼,远方是一片山色空蒙、青黛含翠。湖光山色让渴望有一番作为的他舒缓了苦闷的心情,公务之暇,常在杭州城内游览。人心真像一个容器,里面装着各种情绪,快乐多了,郁结自然就少了。兴之所至,他便用诗词记录下满城美景。

一日,苏轼泛舟西湖,起初晴空万里,继而天降大雨。骤变的天气,湖中景色的变化,让他诗兴大发,挥笔写下了传诵近千年的名篇《饮湖上初晴后雨》:

三潭印月

水光潋滟晴方好，山色空蒙雨亦奇。

欲把西湖比西子，淡妆浓抹总相宜。

西子，就是春秋时期越国女子西施，是我国古代四大美人中的"沉鱼"。在中国文学史上，苏轼第一次把风景如画的西湖比作美人西施，从此，西湖的名气伴随其名作传遍大江南北，也让西湖有了一个动人的别称——西子湖。

十多年后，经历"乌台诗案"死里逃生和重回朝堂遭受种种攻击的苏轼重回旧地，以龙图阁学士的身份外任杭州知州，成为名副其实的"一市之长"。此时的他，褪去年少的不羁轻狂，看惯宦海的潮起潮落，终于把寄情山水的洒脱带回西子湖畔。

"天下西湖三十六，就中最美是杭州。"这一次，作为主政杭州的主官，苏轼没有将太多精力付诸诗意才情，而是囤粮食、平米价、设公共医疗机构"安乐坊"，用胶泥烧成陶瓦管代替竹管造出供水路线，使得"西湖甘水，殆遍一城"。

顾盼生辉西子湖，依然是苏轼的心头执念，但彼时湖面正被淤泥和杂草侵蚀。于是，这位"市长"又开启了一场"西湖更新行动"。他在奏章中详尽分析了治理西湖的重要性和紧迫性，并在朝廷支持下，筹措钱款三万四千余贯，历时4个月，终将这些污秽清理干净，使西湖又恢复了昔日的容颜。

挖出的堆积如山的杂草淤泥也没浪费，而是"废物利用"，当作西湖西侧一道长八百八十丈、宽五丈、横跨南北的长堤原料，不但解决了杂草淤泥无处安放的难题，也方便了南北两岸间通行，更留给后世一道莺啼柳绿、风光旖旎的"苏堤"。

为了根治这一顽疾，苏轼在西湖中心还建造了三座瓶形石塔，并以此为界，禁止在石塔以内区域种植菱角和莲藕，保持大部分水域的开阔清澈，而三座小石塔，逐渐演变为西湖十景之一的"三潭印月"。

北宋元祐六年（1091年），苏轼离开杭州，再也没有回来。这一次，他留给杭州一部可圈可点的"民生诗篇"。《宋史·苏轼传》曰："有德于民，家有画像，饮食必祝。又作生祠以报"，①足见当时杭州百姓对他的认可和赞誉。

"三贤堂"内话先贤

漫步苏堤，远处碧波荡漾，近前绿柳轻扬，美景令人目不暇接。行至锁澜桥与望山桥之间，有亭翼然，正是有着近800年历史的"三贤堂"。三贤堂亦称"先贤堂"，用来纪念白居易、林逋和苏轼，其正门"月香水影"牌匾下的楹联"春烟寺院敲茶鼓，夕照楼台卓酒旗"，出自王安国的《西湖春日》一诗。

王安国是王安石的胞弟，13岁时就创作了广为流传的《题滕王阁》一诗。虽然多次应试，但因仕籍纠葛，又不愿倚仗其兄之势谋取功名，从未中第，直至41岁时，才经举荐进入仕途。但王安国对其兄的变法并不理解，一次皇帝召见他时，因对变法的意见与皇帝不同，也就未被重用，后又涉及朝内斗争被罢官。令人唏嘘的是，辗转一生的王安国，在朝廷决定再次起用他时，已因病亡故。

反对激进变法的苏轼与不理解变法的王安国，两个诗意的灵魂冥冥之中在西子湖畔相遇。虽然王安国本人并未入祀三贤堂，但悬挂在堂门口的诗作，也算是对他的慰藉。

三贤堂原有建筑已在岁月侵蚀中不复存在，后来杭州打造苏轼文化公园时，在其原址附近重建三贤堂，堂内悬挂三块牌匾，上面书写着三位先贤的代表作。

"乱花渐欲迷人眼，浅草才能没马蹄。"白居易笔下的《钱塘湖春行》，勾勒出一片乱花缤纷、马蹄跃动的春日西湖动态美。把

---

① 《宋史·苏轼传》，中华书局2011年版，第10814页。

　　白居易请入"三贤堂",当然有充分的理由——唐长庆二年(822年),白居易风尘仆仆来到杭州任职。此时权臣争权夺利,政治异常荒怠,面对这样的朝堂,他极力请求外放,被任命为杭州刺史。来到杭州,他发现此地农业经常受旱灾威胁,百姓有时颗粒无收,就走街串巷,访贫问苦,特别是发现西湖淤塞,水利工程年久失修,便带领民众加高湖堤,修筑水闸,增加湖水容量,既隔江水,又使沿湖农田得到灌溉。

　　治理西湖期间,白居易亲临现场勘察,设计建造了一条将西湖一分为二的长堤,在短短数月间解决了钱塘(今杭州)、盐官(今海宁)之间数十万亩农田的灌溉问题。他还专门规定,西湖大小水闸、斗门在不灌溉农田时要及时封闭,发现漏水处要及时修补,并亲自撰写《钱塘湖石记》,将治理西湖拟定的策略、方法和

西湖景色

特别注意事项刻在石头上,立在西湖边,供后人参考。西湖畔有一道白沙堤,白居易漫步时特意写下了"最爱湖东行不足,绿杨阴里白沙堤",以赞颂这里的风光。后人为纪念他,就将此堤改名为"白堤"。

将白居易与苏轼对比,不难发现二人有不少相似之处:都在历经蹉跎后来到杭州,分别留下了脍炙人口的名篇——《钱塘湖春行》和《饮湖上初晴后雨》悬挂于三贤堂内,更重要的是,他们的佳话背后,是同样造福百姓的一片赤诚丹心。

"疏影横斜水清浅,暗香浮动月黄昏。"出自北宋诗人林逋《山园小梅》的名句也为三贤堂增添了光彩。林逋是著名的隐逸诗人,饱读诗书,不慕名利,隐居西湖孤山,只喜欢植梅养鹤,自谓"以梅为妻,以鹤为子",因而人称"梅妻鹤子"。除了梅与鹤,林逋还喜欢作诗,但往往写完一首诗就随手丢弃。人们觉得奇怪,问他为何不将诗作留给后世,林逋洒脱地回答:"吾方晦迹林壑,且不欲以诗名一时,况后世乎!"① 意为连一时之名也不想要,更何况流传于世。他把时间全部放在自己的热爱里,享受着生命中的分秒时刻。的确,时间对每个人都是公平的,它以相同的速度流过,而人们却选择用不同方式度过,得到的却是不一样的人生。

虽然林逋清高低调,但其才华还是被人称道,以至于连皇帝宋真宗都很赏识。林逋终生不仕不娶,去世之前,只留下一首诗作为遗书:

湖上青山对结庐,坟头秋色亦萧疏。

茂陵他日求遗稿,犹喜曾无封禅书。

他去世后,宋仁宗赐号"和靖",后世尊称其为"和靖先生"。

和靖先生一生寓情山水梅鹤,这种雅趣甚至成为宋代文人竞相追求的风韵,更是在南宋王朝灭亡之际,幻化为一位皇帝对故土的无尽惆怅——南宋倒数第三位皇帝宋恭帝赵㬎被元军俘获后,为了躲避是非,主动请求到西藏学习佛法,后来成为一代高僧。尽管遁入空门,江山故国依然萦绕在怀,亡国之君回忆起被俘后的岁月,在千思百绪中写下《在燕京作》一诗:

寄语林和靖,梅花几度开。

黄金台下客,应是不归来。

以梅花喻故国,以和靖喻故人,以小见大,思念之情不觉流于笔端,而以黄金台喻燕京,则运用了典故:昔日燕昭王置千金于台上,以求天下贤士,图谋强国。这成为他的绝命诗。相传此诗最终被元朝皇帝发现,赵㬎遂被赐死。

宋城之所以美,不仅在物,更在人。两宋之交,女词人李清照随宋皇室一路逃难,最后来到临安落脚。这位婉约派代表人物,年少时曾置身繁华东京城,中年时目睹国破家亡,遭遇丈夫亡故、

---

① 参见《宋史·隐逸传》,中华书局1977年版,第13432页。

牢狱之祸、流离之苦，一生中留下诸多流传千古的经典作品，但在晚年生活归于平静后，却不曾为西子湖旖旎风光着墨一笔，有的只是"落日熔金，暮云合璧，人在何处"的惘然。临安的故事里，有诗情画意，有赤子丹心，也有不甘、感慨和凄凉。正是一条条多彩的人生旅途，为这座古城增添了传奇色彩，成就世代流传的临安往事。

文人圈也有武将

西湖的一角有"岳湖"，相邻的便是岳王庙。这是一座祠墓合一的古代祠堂建筑群，至今已有800多年历史。经过不同朝代的建设和修缮，现在的岳王庙包括墓园区、忠烈祠、启忠祠三部分，其中忠烈祠正殿为重檐歇山顶木结构建筑，檐角起翘高峻，前檐悬挂"心昭天日"巨匾，金底黑字，朴实庄重。

祠墓与岳湖之间，一代名将岳飞就在此长眠，而那曲《满江红》仿佛仍在耳畔回荡——"怒发冲冠，凭栏处，潇潇雨歇。抬望眼，仰天长啸，壮怀激烈。三十功名尘与土，八千里路云和月。莫等闲，白了少年头，空悲切！"

在宋金战争中，出身农家的岳飞，凭借坚定的爱国思想和卓越的军事才能，从一名普通士兵迅速成长为威震天下的统帅和名重一时的"中兴名将"，他用仅仅39年的短暂一生，背负"尽忠报国"之志，书写碧血丹心之诚。

南宋绍兴十年（1140年），岳飞北伐大军抵近北宋故都东京，急于求和的朝廷却"言飞孤军不可久留，乞令班师"，于是连发"十二道金牌"强行命令其回朝。在他被召回后，宋高宗、秦桧先调任他为枢密副使，解除了统兵实权，后秦桧的党羽、右谏议大夫万俟卨再发难，上章弹劾其"志满意得，平昔功名之念，日以

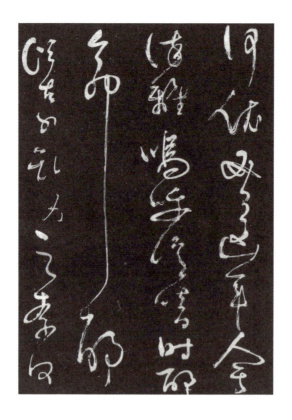

岳飞《吊古战场文》

颓堕",宋高宗遂罢掉了岳飞枢密副使的职务,将其投入杭州大理寺狱中。

两年后,岳飞以"莫须有"的罪名被杀害,狱卒隗顺将其遗体葬于九曲丛祠。宋孝宗即位后,以礼改葬其遗骸于西子湖畔。岳飞墓与其子岳云墓相邻,墓前有四个铁铸人像,即陷害岳飞的秦桧、王氏(秦桧之妻)、张俊、万俟卨4人,他们反剪双手,跪于墓前,以此表达对英雄的缅怀和爱憎分明的价值观。

"青山有幸埋忠骨,白铁无辜铸佞臣",这一千古流芳的墓阙楹联,正是岳飞生前身后事的真实写照。

据传,岳飞临刑前,狱吏要他在狱案上画押,岳飞挥笔写下"天日昭昭"!透过历史的烟云回望,他不幸的遭遇可归咎于宋高宗、秦桧及其党羽,也离不开文官集团主导下、在宋朝立国之初就形成的"重文抑武"思想。这一思想源自开国君主赵匡胤对自身以武夺天下的复盘,继而是"杯酒释兵权"。宋高宗虽力求偏安,但仍试图以儒家理念为蓝本,在南国恢复宋政权文化体制与社会秩序,"小心经营"着一隅残存宋土,比如,在玉皇山南麓,就有南宋皇室开辟的"八卦田",以八卦将田地分为八丘,每丘种植不同颜色的庄稼,宋高宗曾亲自到田中耕种,以示对农事的尊重和对丰收的祈祷;又如,宋高宗与皇后吴氏曾手书"太学石经",内容为儒家经典"四书""五经",这也是我国现存唯一由皇帝御书的石经。该经刻就,立于临安太学,还被制成拓本颁赐给各地学府,成为"教科书"。

重建政治和社会秩序,也包括使用"重文抑武"等政治手段。更何况,"收复故土"本就让为逃避金军而漂泊海上的皇帝汗颜,雪"靖康耻",自然显得不合时宜。

岳飞是武将,也是文人。除了千古名词《满江红》,戎马一生中也不乏面对壮丽山河时的诗情。率军驻防池州时,他游览城东南齐山翠微亭,曾作《池州翠微亭》一诗:

经年尘土满征衣,特特寻芳上翠微。

好水好山看不足,马蹄催趁月明归。

相比江山之上的封建皇权和相伴皇权而生的政治集团利益,忠良志士眼中的"好水好山"和"征衣下的清白"显得那么无力,而"尽忠报国"之名却与岳飞的形象紧紧联系在一起,传颂千百年,为杭州留下了光彩夺目的精神遗产,也成为融入每个中华儿女血脉中的共同记忆。

西子湖畔风雅"宋"

每个城市都有属于自己的独特文化遗产和历史文脉，而宋韵之于杭州却意义不凡，从官窑瓷器到宋代宫苑，再到古典与现代交融的当代建筑设计，它早已渗透于这座城市的大街小巷、青山碧水之中，成为古城延续千年的精神特质。

如冰似玉的南宋官窑

一切精神文化都需要物态载体来传承。宋人风雅反映在生活器物上的一个重要表现，便是产生了诸多精美瓷器。而南宋官窑以瓷器极致的品质、独特的工艺和清雅的美学，位列宋代五大名窑之一。看到这些温润典雅的瓷器，很难想象这是在战火中诞生的。

国之大事，唯祀与戎。无论是对于刚刚获得安定的南宋朝廷，还是对于不断以求和换取生存空间的皇帝本人，祭祀天地都具有极其特殊的意义。经过靖康之难，又历经近14年流离奔波的岁月，待宋金议和成功，南宋宫廷内的祭祀用品已所剩无几。据《宋史》

南宋官窑簋式炉

记载，绍兴十三年（1143年），朝廷开始制造祭祀礼器。[①]"祭器应用铜玉者，权以陶木"。由于当时财力孱弱，传统的玉、金、铜等贵重材料稀缺，出于节俭考虑，就用陶瓷和竹木等制作礼器。

为了批量生产陶瓷，朝廷建立了"礼器局"，并设立了两处官窑：一处是修内司官窑。20多年前的一个雨天，山洪冲刷后，凤凰山南宋皇城遗址附近有一些青瓷残片和废旧窑具露出地面，在后续考古调查中，将此地定名为老虎洞窑址。其地理位置，恰是南宋修内司营的原址，这与文献中的记载十分吻合。考古部门先后对该窑址进行了多次调查与发掘，出土了大量官窑瓷片和窑具，主要有碗、盘、杯、罐、碟、壶、洗、灯盏、筷子架等日用器；另有觚、琮式瓶、香炉、熏炉、器座、花盆等摆设器。从瓷器胎色看，有香灰、深灰、紫色、黑色等，釉色以粉青、米黄为主，也有翠绿、灰青、浅紫、黄色等，大部分釉面有冰裂纹。在瓷器底部釉下，还用褐彩写着"修内司""官窑"字样。

继而，朝廷又修建了第二座官窑，名为郊坛下官窑，其窑址在今天的南宋官窑博物馆所在地。在此出土大量瓷片后，完整复原了各类瓷器品种，其中一种是陈设瓷，主要为礼器，多仿商、周、汉古铜器及玉器。两座官窑出品的瓷器，在形制上都追求质感如璞玉的效果，造型优美，施釉晶莹，将宋代工艺雅韵体现得淋漓尽致。

---

① 《宋史·高宗本纪》，中华书局2011年版，第558页。

南宋官窑青釉瓷盘

历史对这一时期的南宋朝廷评价颇为负面：小富即安的昏聩之主抛弃中原千万遗民，让宋的统治中心屈居于长江以南。但也有人认为，偏安一隅实属无奈之举，在"绍兴和议"后，南宋终于拥有了长达百年的和平，百姓休养生息，贸易、手工业、文化等方面进一步繁荣，如同后来被扩大生产的瓷器，从官窑到民窑，逐渐走进临安市场，进入寻常百姓家，也被搬上商船，驶向远方，成为中国古代制瓷工艺"名片"。

今天，在玉皇山以南、乌龟山西麓，群山环抱、绿树丛中掩映着的杭州南宋官窑博物馆中，那些昔日被用来取代金玉的瓷器正绽放着动人的华彩，淡雅恬静，古朴飘逸，似也浓缩了一个时代的回忆和从不流俗的风雅。

德寿宫的珠光宝气

皇宫，是封建王朝统治的"心脏"，也代表了王朝建筑艺术的典范。相比于唐代宫殿的恢宏，宋代宫殿规模较小，但受当时理学思想影响，在形制上突出内敛，以求深广的精神蕴意，达到"心安身自安，身安室自宽""气吐胸中，充塞宇宙"的效果，同时，更加注重纤巧秀丽，融自然美与人工美为一体。南宋皇宫德寿宫就是其中的代表。

经过多年的考古发掘、复原研究、规划建设，南宋德寿宫遗址博物馆正式对外开放。这座曾经于临安城中璀璨耀眼的宫苑，在地下沉睡800余年后，终于重现光芒。

德寿宫的故事要从南宋绍兴三十二年（1162年）说起。当了35年皇帝后，宋高宗禅位，让位给了养子宋孝宗赵昚，并将秦桧旧宅改建为德寿宫，作为自己颐养天年之用。之后，赵昚为表孝心，将德寿宫一再扩建，当时称"北内"或"北宫"，而赵昚自己住的凤凰山大内则被称为"南内"。

从整体布局看，德寿宫坐北朝南，拥有房屋270余间，其基址占地面积达11万平方米，宫内"亭榭之盛，御舟之华，则非外间可拟"——前面为大殿区，其后为包括后苑在内的生活区。进

德寿宫

德寿宫博物馆藏官窑粉青釉三足樽式炉

大门是主殿载忻堂，又称德寿殿，是太上皇宋高宗接见文武百官的地方。此外，还有后殿、射厅等十余座殿院，而最有名的景观，当属北苑开凿的人工湖"小西湖"。以此为中心，后苑被分为东、西、北三个景区。东区赏名花，种有梅、菊、芙蓉、荼蘼、木樨、桂等；西区赏山水景观，格局效仿西湖。《建炎以来朝野杂记》曾载德寿宫风貌："宫内凿大池，引西湖水注之，其上叠石为山，像飞来峰，有楼曰聚远。"①《武林旧事》中也记载宋孝宗为了让宋高宗在宅园里就能感受西湖山水，命修内司于北内后苑建造冷泉堂，叠巧石为飞来峰，拓展大池，引注湖水，景物并如西湖。以人力在城市中复制西湖山水格局，塑造"叠石理水"意境，是南宋临安造园的一个重要特点。

宋孝宗常常陪伴太上皇宋高宗游赏宫苑湖景，一时传为美谈。穿越时空，今天的南宋德寿宫遗址博物馆内，三块巨型幕布将遗址北、东、西三面包围，打造了沉浸式影像播放空间。身临其境，跟随宋孝宗的脚步从皇城出发，经御街到德寿宫，进入宋高宗寿庆场景，体验南宋临安城、皇城和德寿宫的"珠光宝气"，也感受大兴土木后皇家的"父慈子孝"。

---

① 李心传：《建炎以来朝野杂记》乙集卷三，中华书局 2000 年版，第 553 页。

宋画中"走"出文润阁

杭州国家版本馆,即文润阁。依山而建的文润阁是在一座废弃矿坑中落成,采石所余的山体与楼阁互为掩映,曲径通幽,象征将中华版本"藏之名山、传之后世"。

置身文润阁,往往会让人产生一种错觉,明明馆中有不少现代建筑,可感受到的却是浓浓的宋代山水画韵味,其秘诀正在于现代宋韵的设计主张:参照宋代山水画理,以现代理念和建造手法,营造出有山有水的意境。

那么,文润阁的现代宋画之韵,韵在何处?

第一韵,是线条之韵。线条的运用,是宋代山水画的常见表现手法之一,画家们通过使用轻重不同的线条,表现出山水的远近深浅。轻线条通常用于表现远景,重线条则用于表现近景,以此描绘出山水的立体感和空间感。和唐朝热烈奔放的画风不同,宋朝的画作能通过精炼的线条和简单的风格描述画家的心境,质感看上去单纯,但在朴素画风中却能表露出情感张力。文润阁的一面崖壁,就与北宋范宽之作《溪山行旅图》神似:以自然山体为依托,使建筑和山体连为一体。站在主馆隔池南望,未经修饰的崖壁露出山石轮廓,如同画中勾勒出峻峭山石的线条,在周围的密林掩映下,画卷内外的情境如出一辙。

第二韵,是含蓄之韵。宋代画家受理学影响,创作时注重塑造理性克制之美,往往凭借简单轻柔、含蓄内敛的态度,将对山水、花鸟、人物、建筑的理解,融入画卷中演绎,正如刘松年所画的《四景山水图》,就体现了宋代审美中最有"隐逸"韵致的状态,每一处建筑都不露全正面,总是被姿态优美的树木或山石掩映,仿佛建筑、树木与山石是有生命的个体,而每一部分又都蕴含于整体的大生命中。文润阁的设计,也处处体现了这种含蓄。

杭州国家版本馆

比如，南大门入口并不在中轴线上，而是"开门即是山"，山体将建筑遮掩，而入口就在山中。"掩映之美"，既是对自然的尊重，也是对宋人宇宙观的体现。

第三韵，是建筑之韵。宋代画家尤其是宫廷画师们，常将宫苑建筑作为表现题材。北宋末年《宣和画谱》中即有"宫室"一门，证明当时建筑画已成为专门的画种"界画"。由传世的宋代画作如《清明上河图》《十咏图》等可见，当时的一些界画描绘精细，对建筑各部分结构的表现真实准确，因此宋代的界画家需要谙熟各种建筑类型、结构和装饰，通过建筑与环境之间的关系渲染意境，对建筑本身的描绘虽然出现了一些写意的趋向，但仍准确表现建筑的外观形象。文润阁的设计充分吸收了宋代画作中建筑形式的表现手法，比如，从屏风到青瓷屏扇，从花格窗到青石花格砌，从藻井天花到木构吊顶，从游廊到绕山廊和展廊等，而一些对宋代建筑意象的现代转化，也通过设计、工艺、材料等，把宋代建筑"现代化"发展畅想带入现实。

韵，源自对文化的美学转化，也源自对美学的主观创作。任何形式的生硬模仿，都不会产生韵，而"人在阁中走，宛若画中游"的文润阁，却让现代与古典相遇、碰撞、融汇，又塑造出独特的韵味。正因如此，文润阁似乎并不是一处仿古建筑，而是一座从宋画中走出来的现代建筑。

总之，传承中华优秀传统文化，就要深挖其底蕴和内涵，汲取其营养和智慧，提炼其标识和精髓，推动其转化和发展，用得更好，"活"出精彩。

杭州国家版本馆展出的宋刻孤本《太学新增合璧联珠万卷菁华后集》

绍兴
陪都的峥嵘岁月

夏圭《梧竹溪堂图》

满城春色宫墙柳

有人说,绍兴的底子是古越,气质是宋韵。绍兴古称越,秦置会稽郡,隋大业元年(605年)改越州。虽已有2500余年建城史,但"绍兴"其名,源于南宋。南宋建炎四年(1130年),金军挥师南下,宋高宗赵构第二次驻跸越州。次年正月,他改元"绍兴";10月,升越州为绍兴府,赐额"大都督绍兴府"。因临近杭州"京畿要地",又是南宋皇陵所在地,因此被视为陪都。

绍兴,取赵构御书"绍奕世之宏休,兴百年之丕绪"句首字,寓意继承先辈福荫,完成未竟功业。自此,绍兴被寄予厚望,在历史洪流中雄起和繁荣。

"大都会"进化史

漫步绍兴城,宋韵文化随处可见,古今交融,相得益彰。南宋状元王十朋在府城卧龙山山顶俯瞰全城时,发出"栋宇峥嵘,舟车旁午,壮百雉之巍垣,镇六州而开府"的感叹。[1]

---

[1] 《王十朋全集》,上海古籍出版社1998年版,第844页。

越王殿

在绍兴古城史上，有过三次建城高潮，先后留下了"蠡城""罗城"和"宋城"三个带有不同历史烙印的城名。

春秋时期，越大夫范蠡始筑古城，从城址选定到功能分区等，均初见峥嵘，后人称作"蠡城"。到了隋代，时任内史令越国公杨素对州城进行了一次大规模重建，在原有的基础上构筑"子城"，在子城外重筑州城，史称"罗城"。相比"蠡城"，"罗城"城址有了较大变动，规模也扩大了约五分之一。

到了南宋，绍兴的城市建设迎来了又一次发展机遇。嘉定年间，郡守吴格、汪纲等相继大力修治府城，遂称"宋城"。宋城周四十余里，城内厢坊建置、街衢布局、河渠网络等井井有条。

传承的力量就在于薪火相传、青蓝相济。如果说"蠡城"明确了城址方位，"罗城"打下了城廓根底，那"宋城"则开创了城网基

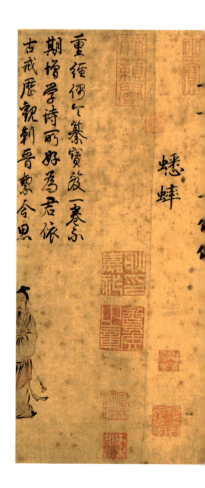

宋高宗书《唐风蟋蟀》

础，展现出一部完整的古城进化史。这里，尤需一提的是汪纲在古城建设方面做的三件利民大事。

先是修缮街衢街河。汪纲"计置工石，所至缮砌"，城内"坦夷如砥，井里嘉叹"，对与台州、明州往来的要道斜桥坊街路，也"命伐石甃砌"。从此，绍兴城区出现了一个标志性变化——主要街道与对外道路的路面由泥质改成砖石铺设。他还多年整治河流，增筑城南堤堰以防鉴水泛滥倒灌，疏通西北漕渠以利城中涨水外

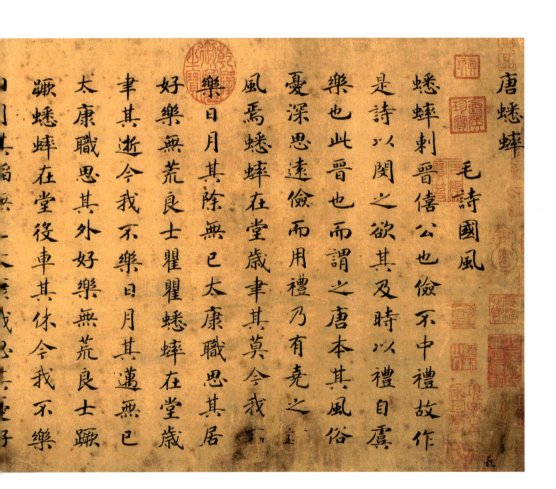

排。通过治理，绍兴府城街衢整齐、河流畅通，形成了一河一街、一河两街、以河代街的古城布局。

再是修筑城墙城门。他设城东五云门、城西迎恩门、城南植利门、城北三江门等8座城门。至此，绍兴城墙城门相对固定下来。

继而，他乘势对府城的街区进行了优化调整，将其划分为5厢96坊。这一变化，适应了当时人口不断增加、工商业蓬勃发展对古城建设管理提出的客观要求，突破了坊与市的传统分隔与封闭，形成了新的、契合发展规律的综合性坊巷格局。

从历史和现实两个维度看，一个城市主政者的眼光和水平，都直接影响着这个地方的城市风貌和建设品位。"老市长"汪纲既专业又敬业，他的努力无疑是成功的，进一步巩固了绍兴作为京畿重镇、南宋陪都的地位，处处彰显"大都会"的气派。《宝庆会稽续志》序言中赞道："城府内外斩然一新。"[1]

"万桥之乡"不虚传

浙东运河穿城而过，勾勒出绍兴城市的生命线。这条运河位于中国大运河的最南端，通江达海，西起杭州西兴古镇，流经绍兴，东至宁波甬江并注入东海，与京杭大运河、隋唐大运河一道，被列入世界文化遗产名录。

河多，桥自然就多。绍兴全市各式桥梁超万座，被誉为"万桥之乡"。在河网密布的古城内，一座座桥梁连接着河岸两侧，勾勒出"三山万户巷盘曲，百桥千街水纵横"的盛景。翻阅史书，宋嘉泰《会稽志》中记载的绍兴名桥有201座；明《绍兴府志》记载有382座；清《绍兴府城衢路图》显示，仅7.4平方公里的府城内就有桥229座。

---

[1] 《宋元方志丛刊》，中华书局1990年版，第7091页。

八字桥

　　桥梁不仅是交通设施，亦是标志性建筑物，历经千年传承发展，形成独特的桥文化。中国的桥梁，从造型、结构上来说，大致有梁桥、浮桥、拱桥、索桥四种，细分种类更是不可胜数。绍兴的桥，结构体系完整，又各具风格，或玲珑小巧，或雄伟壮观，或含蓄优美，因此，其地又有"古桥博物馆"之称。著名桥梁专家茅以升不禁赞叹："我国古代传统的石桥，千姿百态，几尽见于此乡。"[1]

　　众多桥梁中不乏精品佳构，具有高超的建筑技术和隽美的艺术价值，承载着丰富的文化内涵和历史信息。其中，最令绍兴人引以为傲的要数"八字桥"。

　　八字桥是我国现存较早的"立交桥"，因"两桥相对而斜，状如八字"而得名。其造型为何如此奇特？原来，在三条河流的交叉点，未建桥时出入相隔，人们只能望河兴叹。由于地理环境复杂，从主河上"飞虹"，不足以"天堑变通途"。于是，工匠们就巧妙地利用天然条件，独具匠心、因地制宜，将石桥选在三河交

---

[1] 陈从周、潘洪萱：《绍兴石桥》，上海科学技术出版社1986年版，第4页。

水乡街巷

点的近处。建成后,八字桥连接三街、跨越三河,四通八达,展现了古代高超的桥梁筑造技艺,也成为世界文化遗产中国大运河的遗产点之一。

  桥是水乡道路的一部分,融入了这里的寻常日子;也因为它的形状,很容易成为记忆的一个标识。在绍兴出生的鲁迅曾在《从百草园到三味书屋》中写道:"出门向东,不上半里,走过一道石桥,便是我的先生的家了。"[①] 沿着三味书屋门前的这座石桥,童年鲁迅走进了求知的学堂。同他一样,在每一个绍兴人心中,桥都有着特殊地位,因为它们承载着生活过往,也镌刻着浓浓的乡愁记忆。

---

① 鲁迅:《朝花夕拾》,译林出版社2009年版,第99页。

越酒行天下

　　水网织就阡陌,桥梁串联坊巷,乌篷船摇橹声中,涟漪轻漾,似洋溢着阵阵酒香。游人在船上,抿一口黄酒,吃一颗茴香豆,悠闲而惬意。

　　要问什么味道最能代表绍兴,想必就是醇香的黄酒。一坛坛温润馥郁、飘香千年的黄酒,经过时间的发酵与沉淀,浸润在绍兴人饮食的方方面面。

　　黄酒、啤酒和葡萄酒,作为世界上的三大古酒,各自散发着独特的魅力。黄酒起源于中国,绍兴所产的黄酒,更是凭借其卓越的品质和醇厚的风味，被评为黄酒之冠，有"越酒行天下"之誉。

绍兴地区的酿酒历史可追溯至 7000 年前。在河姆渡文化遗址中，大量稻谷遗存以及炊器甑、饮器盉的出土，表明当时已经具备了酿酒的物质条件。历史上更有名的记载是，越王勾践在绍兴"箪醪劳师"，将父老乡亲赠送的黄酒投入河中，与将士共饮，激励士气，最终灭吴称霸，成就了"投醪河"的佳话。

北宋时期，在朝廷力推下，基础深厚的酿酒业蓬勃发展。糯米是绍兴黄酒酿制的主要原料之一，其产量和价格可真切反映黄酒需求量，也是市场的风向标。熙宁年间，绍兴的糯米价格竟高出临州一倍之多；南宋初年，由于糯米价格昂贵、有利可图，因此在农田中大量种植。彼时，黄酒名品迭出，"城中酒垆千百所"，盛况可见一斑。

绍兴黄酒为什么这样惹人喜爱？这要从选料说起，为了确保原料品质，精选无锡等地的精白糯，色白糯强，为"酒之肉"；只取本地麦粒，整齐皮薄，淡红诱人，制成的曲则成"酒之骨"。尤需一提的是自然的馈赠——鉴湖碧波，源自会稽山麓，穿越崇山峻岭，经砂石岩层细细过滤，清澈如镜，为绍兴黄酒注入了"生命"。匠人们遵循古法，夏制酒母，秋制曲，立冬启酿，春初榨，泥封窖藏，历久启坛。

黄酒被绍兴人视为有机的生命体，每一滴都蕴含着大地的恩赐与匠人的心血。酒与人，相辅相成，彼此塑造，酒醇厚柔和、回味绵长，恰如绍兴人纯朴内敛、外柔内刚的性格。酒因文传，文以酒载，在绍兴，酒不仅是饮品，更是文化的载体、情感的纽带。

双向奔赴的家国

在绍兴，宋韵无需刻意寻觅。会稽山巍巍，鉴湖水汤汤，石拱桥弯弯，纤塘路长长；禹庙庄严，东湖剔透，兰亭清秀……岁月长河漫漫，文明与自然相得益彰。

如此烂漫的精致，与深厚的人文底蕴相互贯通。宋朝那些忧国爱民的文人武将，流传不绝的悠悠文脉与铮铮气节，早已融入绍兴儿女的骨血，成为这片土地最宝贵的文化基因。

清白泉前忆范公

绍兴古城卧龙山越王殿下，有一古井遗址，名曰"清白泉"。它宛如一位忠实的见证者，承载着岁月的厚重与深沉，也与北宋政治家、文学家范仲淹的名字紧紧联系在一起。

一篇流传千古的《岳阳楼记》，让后人铭记范仲淹"先天下之忧而忧，后天下之乐而乐"的家国情怀，为千古士大夫们立下了为官做人的典范。鲜有人知的是，早在创作此文的 8 年前，担任绍兴知州的他，就以"清白"二字，勾勒出了"忧乐思想"的最初轮廓。

范仲淹生活在北宋王朝积弊显现的时代。他步入仕途后，坚决主张改革时弊，因直言不讳遭到保守派官僚的排挤和打击，曾先后四次被贬黜。然而他并没有沮丧消沉，在徙知越州时，曾写信告诉友人文鉴大师："不似谪宦味，多幸多幸！"这句自慰之语，道出了面对宦海沉浮的淡定，也展现了超凡脱俗的气度。

在绍兴一年多的时间里，范仲淹投入到治理地方、开办教育的功业之中。其自幼家贫，饱受无钱读书之苦，"淋过雨"的他，总想给更多人"撑起伞"。在他的大力倡导下，创建了稽山书院，还邀请知名学者石待旦、李泰伯前来讲课。自此绍兴学风鼎盛，家家以耕读为乐，村校学童竞习歌咏，山民出言亦常有古训。他还深入民间，体恤民情，以己之俸禄救民疾苦，并利用地方传统文化，教化吏民，化醇美俗，为后人称道。

当时的越州州署在今绍兴越王台与越王殿之间。一日，范仲淹带衙役去州署旁辟荒，无意间发现一口废井，泉水清而色白、味甘。他触景生情，命名为"清白泉"，在泉边修筑"清白堂"，搭建"清白亭"，并挥笔写下《清白堂记》。

这篇300余字的短文，犹如一面明镜，映照出范仲淹对于清廉为官理念的执着追求与独到见解。文章讲述了从偶然发现清白泉到精心构筑清白堂的历程，阐明了蕴含其中的道德隐喻与为政哲理。他以"井德"喻"官德"，揭示了治天下与治水井之间异曲同工的奥秘——唯有勤勉不辍，方能保持源头活水，清澈长流；反之，则必然导致杂草丛生，百业凋零。在他看来，为官一任，"清白而有德义，可为官师之规"，当如清泉般不为外物所动，不为私欲所扰。这种"所守不迁"的坚定信念，是抵御诱惑、保持初心的坚固防线；"所施不私"的清廉作风，则是赢得民心、推动

清白堂

社会公正与进步的基石。

后来,绍兴人为纪念范仲淹,建起了"希范亭"和"百代师表"牌坊。在陆游眼中,其是为当地发展立下大功的名臣,遂作诗赞誉:

有越逾千载,何人不宦游?

向来惟一范,真足壮吾州。

岁月悠悠,清白泉依旧静静地流淌,它的清澈与甘甜,仿佛在诉说着范仲淹的那段清廉佳话。绍兴重修的清白堂、清白亭,以及碑刻上的《清白堂记》,无一不在提醒后人:清廉之德,如泉水般清澈,是应当追寻与坚守的至高境界。清白亭牌匾上的"清白"二字,就是范仲淹的手迹,激励着无数后来者清清白白做人,干干净净做事,坦坦荡荡为官。

爱国与爱情

在绍兴这片文化底蕴深厚的土地上,众多文人墨客由此成长,留下深深的印记。陆游就是其中之一,他以独特的人生轨迹和深沉的家国情怀,为后世敬仰和传颂。

陆游生于北宋王朝覆灭前夕,长于矛盾尖锐的南宋。"我生学步逢丧乱,家在中原厌奔窜",反映了其饱尝民族压迫的苦痛。为此,他发愤读书,"孤灯耿霜夕,穷山读兵书。平生万里心,执戈王前驱",早早立下了收复中原、报效国家的壮志。

无论是从军的英勇,还是从政的勤勉,抑或是赋闲时的笔耕不辍,这份信念都如同不灭的灯塔,指引着他在人生路上披荆斩棘、勇毅前行。

死去元知万事空,但悲不见九州同。

王师北定中原日,家祭无忘告乃翁。

一首《示儿》,是他临终前对后代的深情嘱托,字里行间流露出对国家统一的无限期盼。

陆游的一生,虽历经坎坷波折,却如同烈火炼金,非但未消磨其宏愿豪情,反而成为了笔下激昂文字的不竭源泉。他的创作充满现实主义与浪漫主义色彩,以诗为剑、以笔作枪,兼具雄浑奔放、明朗流畅之美。尤为显著的是,诗中始终贯穿着一条鲜明的主线——强烈而坚韧的爱国主义。但"爱国,要爱得热烈,爱得理性,爱得执著,爱得长久。爱国主义并不是在所有时间都表现为对现存国家政权和社会制度的热爱。"[①] 正是基于此,他用犀利的语言,直击时政之弊,体现了古代文人的担当;又以深切的同情心,关注劳动人民的艰辛生活,用文字为他们呐喊。这种情感表达,因深刻的现实关怀,变得更为立体、丰满,振聋发聩。

[①] 王浩雷:《爱国主义:实现民族复兴的强大精神动力》,《求是》2009年第1期。

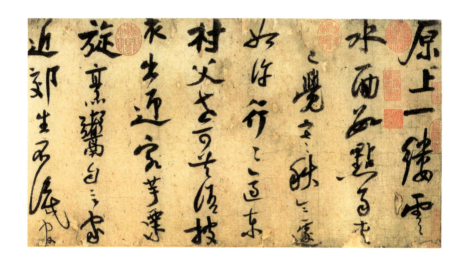

事实上，陆游还有另一面，他以爱情为主题的诗词，同样动人心弦。这在"讲性理或道学"蔚然成风的南宋文坛，显得尤为珍贵。正如那首哀婉凄切的《钗头凤·红酥手》，"桃花落，闲池阁。山盟虽在，锦书难托。莫莫莫"，为"爱情名园"沈园蒙上了一层思念与惆怅，反映了他内心深处对逝去爱情的怀念与叹息。

"六十年间万首诗"。这不是时间跨度与作品数量的简单堆砌，而是陆游一生不懈追求生命价值、家国情怀，以及绝美爱情的宣言与呐喊。

宅名变路名

在绍兴古城的西小河西侧，有一条不过几百米的小路，名为"武勋坊"。这个名字背后，是一位与岳飞、韩世忠等并肩战斗的民族英雄——李显忠的传奇故事。南宋淳熙四年（1177年），宋孝宗御赐他府邸所在地"武勋"之名，以此肯定他的赫赫战功。

李显忠出身将门，其父名永奇，世袭苏尾九族都巡检使。17岁时，他随父出入行阵，抗击金兵，颇有胆略，积功至武翼郎，充副将。陕西被金军占领后，父子商议伺机南归宋朝。李永奇率家人从延安出发与李显忠会合，被敌追击，全家200余口遇难。

当时，西夏、金交恶，为寻求转机，李显忠率26名勇士投奔西夏。他凭借非凡的武艺与智谋，生擒了长期侵扰西夏的金将"青面夜叉"，令夏主"龙颜大悦"。

然而，李显忠心中始终牵挂着故土宋朝，这份忠诚与眷恋让他每天都充满了矛盾与挣扎。夏人察觉到他的异心，遂以铁鹞子军发起攻击，意图将其扼杀。他奋力抵抗，击退强敌，后来终于迎来了归宋的契机，带着麾下精锐，踏上了返宋的征途。

宋孝宗登基后，决心重振国威，收复失地，遂发起北伐。李

府山龙头古柏

显忠再次披挂上阵，率领宋军势如破竹，接连收复虹县、宿州等战略要地，立下了汗马功劳。

在隆兴北伐时，李显忠遭遇了内部的掣肘。与他并肩作战的将领邵宏渊因嫉贤妒能，并未全力配合，而是按兵不动，甚至散布谣言，动摇军心。面对如此困境，他孤军奋战，功败垂成。

战后，他深感自责，主动上交兵权。但不得不说，与岳飞相比，他却是幸运的。不久朝廷查明了真相，重新委以重任，让他前往绍兴担任浙东副总管。在这片风景秀丽的土地上，他找到了心灵的归宿，于此度过余生。

岁月流转，"武勋坊"虽已消逝在尘烟中，这一威名却作为路名保留至今。走在这条路上，步步是历史，处处有故事，看河水的波光摇曳着街上古朴建筑的倒影，于恬静中细细品悟蕴藏于历史深处那金戈铁马的回响。

扬州『运』载千秋

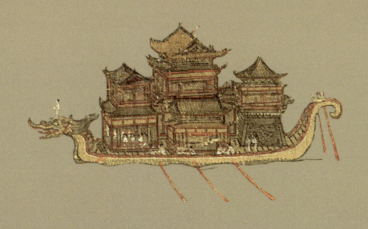

马麟《松阁游艇图》

水润淮左名都

从公元前486年吴王夫差筑邗城至今,扬州已有2500多年建城史。秦置广陵县,北周称吴州,隋开皇九年(589年)改称扬州。唐武德八年(625年),将扬州治所移到江北,不复迁改,从此广陵享有扬州的专名。

水,是扬州的灵魂,孕育了帆樯如织、钟灵毓秀的"淮左名都"。但在面对烽烟时,这座温婉曼妙的水城却不失坚韧刚强的一面,一次次披坚执锐,淬炼出"气吞万里如虎"的钢筋铁骨。

大运河的"生长原点"

扬州,初命名时并非单指一座城,而是更大范围的地域概念。据《尚书·禹贡》记载,华夏大地划分为冀、兖、青、徐、扬、荆、豫、梁、雍九州,其中,"淮海惟扬州……沿于江、海,达于淮、泗。"[1]从今天的地理区域看,九州中的"扬州",大体包括江苏和安徽两省的淮河以南地区以及浙江、江西等地。

---

[1] 《尚书正义》卷六《禹贡》(十三经注疏本),中华书局2008年版,第148-149页。

扬州古运河

"吴城邗沟通江淮"。①《左传》中寥寥数字,记录了两件大事。第一件是大运河雏形诞生。春秋时期,地处江南的吴国欲与北方齐国争霸,为了更快运输粮草和人力,公元前486年,吴王夫差下令开凿运河。战争迫在眉睫,运河工期短,要最大限度利用自然河流湖泊。经过勘察,决定在长江北岸的古邗国故地向北开凿河道,进入今高邮市西北的樊良湖,折入宝应东南的博芝湖,再沿东北方向进入射阳湖,出湖后改道西北方向,汇入淮河。这条运河名为"邗沟",是大运河水系中最早开凿的河段,让淮河与长江第一次实现"牵手"。

另一件是邗城诞生。夫差在邗沟起点修建了邗城,是今天扬州城的"前身",也是大运河的"生长原点",开启了河城共生的

① 《春秋左传正义》卷五八哀公九年(十三经注疏本),中华书局2008年版,第2165页。

曲折故事：因争霸而生的大运河，兵船所过之处尽是干戈，也留下水道通衢之便；运河成就的江南重镇扬州，在动荡冲突中历经劫难，又在涅槃重生中实现繁荣。

西汉建立后，扬州迎来第一次大发展。吴王刘濞建都广陵，在此执政40多年，鼓励耕种、凿山铸铜、围海煮盐、广通商运，城市规模不断扩大，经济文化快速发展。然而，国富民强让其野心极度膨胀，最终联合六个诸侯王发动针对西汉朝廷的"七国之乱"。叛乱被平定后，为防止诸侯势力再度威胁皇权，朝廷实行"推恩令"，分割了昔日刘濞统治的吴国，扬州从而渐渐丧失了江南政治经济中心地位。

公元430年、450年和452年，南朝宋文帝刘义隆先后三次发动进攻北朝北魏政权的战争，史称"元嘉北伐"。南宋词人辛弃疾在《永遇乐·京口北固亭怀古》中揭示了战争结果：

元嘉草草，封狼居胥，赢得仓皇北顾。

四十三年，望中犹记，烽火扬州路。

本想收复中原的刘义隆，因准备不足而惨败，扬州城也在战乱中被焚毁。后来，其子刘诞虽一度重建城市，却因动乱再度被毁。十年间，扬州两遭兵祸，南朝诗人鲍照登上破败的城楼，留下《芜城赋》中"边风急兮城上寒，井径灭兮丘陇残"的感叹。一座城不只是地图上的一个点、一条线，也是千千万万城中人家国命运的交汇点，在悠长的时间脉络中，呈现出一部鲜活的嬗变史。

隋唐时期，扬州迎来了第二次大发展。随着大运河水系不断完善，大量北方人口南迁，扬州城也得到多次扩建。比如，唐建中四年（783年），淮南节度使陈少游修建了与扬州主城区"子城"相连的"罗城"。杜牧诗中"街垂千步柳，霞映两重城"描写的就是这两城美景。唐末乱世中，扬州城化为一片瓦砾，直到宋朝建立，沉寂百年的运河原点复又绽放华彩。

诞生、兴起、遭劫、复兴，扬州经历了一幕幕时代剪影。正如钱穆在《中国近三百年学术史·龚定庵》中所说："瓶水冷而知天寒，扬州一地之盛衰，可以觇国运。"① 大运河千载流波，漂来繁华，漂来激变，涤荡着半城浪漫、半城悲怆的扬州故事。

"扬州梦"藏小巷中

宋代，是中国漕运史上的"高光时刻"，大运河年漕运量稳定在400万到800万石。作为南北行货通商必经之地，凭借漕运之利，扬州成为"当南北大冲，百货所集"的转运中心，利津古渡（今东关古渡）是当时最繁华的交通要冲。有了码头就有街市，舟楫的便利和漕运的繁忙，催生了一处商贸密集、人气兴旺的繁华之地——东关街。

在古代，城门是出入的通道，也是防守的关隘，许多古城东门均被称为东关。在扬州建城史上，"东关"二字被赋予三层含义：首先是关隘，即东关城门、东关渡口，既是登岸进城的必经之地，也是城市防御的重要关口；继而是通道，街道构成了入城主路，并贯穿全城；此外，还指辖区，包括了以东关街为核心的古老街区。

城市文化的传承有多种形式，最重要的就是文脉。文脉形成，离不开物质基础，盐和铁即是封建王朝的物质命脉。扬州拥有大运河漕运中枢与产盐区双重地位，盐运则是漕运的重要组成，影响了城市格局重塑——随着七里港河的开凿，与运盐河连接，把扬州昔日主城"子城"从蜀冈下拉至运河滨，让新兴商业市民阶层和手工业者在利津古渡附近聚居，并从河岸向内陆延伸，发展成为宋代扬州城主体"宋大城"。这一时期，扬州商业气息浓郁，街道两旁商铺、酒肆林立，出现了繁华夜市。人口的增长，市井的繁荣，让街巷纵横，也让扬州得名"中国巷城"。

---

① 钱穆：《中国近三百年学术史》，商务印书馆1997年版，第613页。

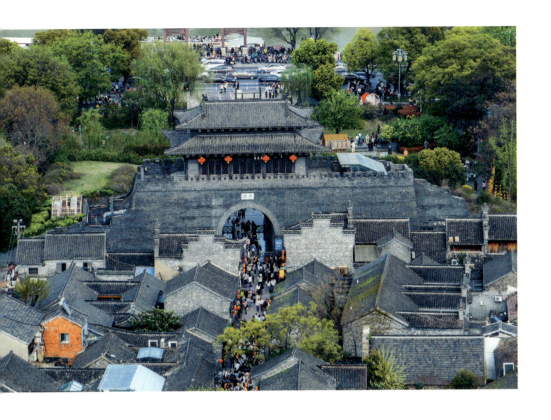

东关街

今天的东关街，依然保有昔日巷城余韵——斑驳砖墙，砖雕屋檐，铺陈出扬州历史上的富庶与荣光。作为扬州城的文化高地，从叠石假山、园亭馆榭等园林美学，到漆器玉雕、扬州评话等非物质文化形态，都可以在东关街上找到踪迹。沿主街向两侧延伸的小巷，飘荡在街区间的烟火气，似乎还沉迷于古老大运河的波声；入夜时分，亮起的灯笼，如织的人流，一切又都在延续着千年"扬州梦"。

水城的刚强一面

宋代扬州城其实是"三座城"——"宋大城""宝祐城"和"宋夹城"。宋三城的发展,是扬州城市定位转变的见证。

如果说宋大城看遍了漕运繁华,宝祐城和宋夹城则让城市披上"戎装"。靖康之变后,建立南宋的宋高宗赵构,诏令扬州知州吕颐浩修缮城池。南宋建炎元年(1127年),赵构驻跸扬州,曾以此地为"行在",随后迁往杭州"临安",把扬州推向宋金对峙的一线。

由于战略地位重要,淳熙二年(1175年),郭棣任镇江都统兼扬州知州后,认为可利用蜀冈"凭高,下临四面"的地势抵御金军,于是将蜀冈上的汉唐故城改筑为"堡寨城"(后经重修改称"宝祐城"),与宋大城形成掎角之势,又于两城中间筑"夹城"以通往来,宋夹城的北门连接宝祐城南门,其南门直通宋大城。由此一来,宋大城、宋夹城、宝祐城组成了"一地三城"的城市堡垒防御体系。

爆发在南宋最后岁月中的扬州保卫战,让宋三城再次于历史长河中留下了浓墨重彩的一笔。彼时,南宋"宿敌"金已不复存在,而更强大的对手、已入主中原的元朝,兵临扬州城下。原本势如破竹的元军,面对的却是扬州的坚壁清野与牢固的城防要塞。

从德祐元年(1275年)春至次年,元军屡次攻城失败,只得将城池重重围困。长达一年多的坚守中,南宋残存领土大多被元军占领,扬州几近孤城。其间,元军多次招降,甚至已经降元的谢太后和宋恭帝也送

来招降诏，但守城的两淮制置使李庭芝和副将姜才带领全城军民固守城池，直至弹尽粮绝，终因有降将从城内打开城门，扬州城才被攻破。

　　李庭芝、姜才被俘后，元军再次劝降，二人仍严词拒绝，慷慨殉节。坚守孤城并不能扭转王朝兴衰更迭的历史规律，但为了保卫家园威武不屈，为了国家利益从容牺牲，无论在哪个时代都可歌可泣。今天的宋夹城北门遗址处，伫立着名为"铁血扬州"的雕塑，雕塑上李庭芝与姜才并肩而立，前者手持长剑，后者紧握长矛，在一片绿荫里，用自己的刚强，守卫着这座不朽的水城。

才子烟花皆醉人

"烟花三月下扬州",李白的这一妙笔,让扬州成为无数文人墨客心驰神往的"诗与远方"。与诗中"下扬州"不同,古代也有"上扬州"之说,比如,南朝梁人殷芸笔下的"腰缠十万贯,骑鹤上扬州"。不过,此"扬州"非彼"扬州"。在殷芸生活的时代,"扬州"指的是位于苏南浙北的丹阳郡(今南京)。但无论是"上扬州"还是"下扬州",扬州之名,既是文华的投射,也是繁华的扩喻。

"文章太守"的政绩

"独平山堂占胜蜀冈,江南诸山一目千里。"[①] 北宋皇祐元年(1049年),刚从扬州调任颍州的欧阳修在给前任扬州知州韩琦的信中,称赞了自己修建的平山堂。一年前,欧阳修出任扬州知州,虽在任时间不长,却留下德政佳话,平山堂便是见证。

---

① 《欧阳修全集》卷144,中华书局2001年版,第2334页。

欧阳修《灼艾帖》

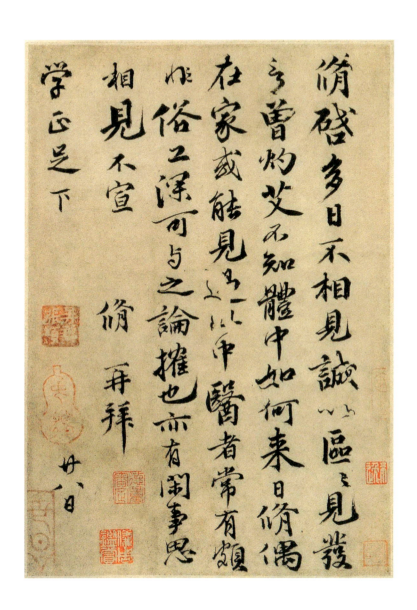

提起欧阳修，就不得不说"唐宋八大家"。与建安七子、竹林七贤、初唐四杰等冠名多为同一历史时期的文人不同，欧阳修等八人跨越了唐宋两个朝代，间隔300余年。而其中原因就是"古文运动"——魏晋南北朝以来，文坛盛行骈文，强调对偶、声律、典故等形式，热衷于堆砌华丽艰涩的辞藻。中唐时期，韩愈等人为改变这一文风，发起古文运动，后因晚唐连年战乱被中断。进入宋代，接续将古文运动推向新高度的人，正是欧阳修。

作为扬州"市长"，欧阳修秉持"宽简为政"理念，主张无为而治。其中，"宽"不是放纵不管，而是"不为苛急"。他认为，"尧舜三王之治，必本于人情。不立异以为高，不逆情以干誉"，以人情宽容为本，不行苛急之政，不做繁琐之事。尽行宽简，为民着想，为民解忧，是便民关键。在城市基础设施建设方面，欧阳修没有大兴土木扩建官府衙门，也没有修建城墙门楼，只是对已有建筑进行必要维护和修缮，节约了人、财、物成本，既没有对百姓生活造成大的影响，又循序渐进促进了城市设施完善。

"简"，并非疏忽草率，而是"治存大体""去其繁碎"，避免因政务过于繁杂而增加行政成本。欧阳修深知民间不易，所以即便经费紧张，也决不向百姓摊派苛捐杂税，甚至精简了办公设施，让官府"阒然如僧舍"。当时正逢朝廷有令，州府可支配收入明显减少，且扬州遭遇蝗灾，年成不好，但在欧阳修的治理下，社会总体稳定。由此可见，无为而治，并非无所作为，而是不强行妄为，顺乎自然之道，达到人人自为，无为无不为。也正是在这一理念引导下，城市行政高效、民力宽舒，市井欣欣向荣、百姓安居乐业。朱熹曾评价："公至三五日间，事已十减五六。"[1]

平山堂的故事，就发生在此期间。任职扬州不久，欧阳修看中了蜀冈上的独特风光，遂将原建于此的大明寺内破败僧舍进行改建，登堂远眺，江南诸山宛若与堂檐楹齐平，故得名平山堂。

---

[1]《欧阳修全集》附录卷二，中华书局2001年版，第2648页。

当年，堂前还有欧阳修亲手所植的杨柳，时人称为"欧公柳"。

平山堂建成后，成了欧阳修办公会友、宴客作诗、与民同乐之所，也是讲学之处，扬州状元吕溱等诸多青年才俊都曾在这里聆听过他的教诲。欧阳修以官员兼学者的身份，赋予了平山堂浓郁的文化意味。这一"文化圣地"，引来诸多江淮名士的诗赞。梅尧臣用"相基树楹气势厖，千山飞影横过江"描绘平山堂外壮丽景观，王安石以"城北横冈走翠虬，一堂高视两三州"道出平山堂高耸地势，苏轼所作"江上飞云来北固，槛前修竹忆南屏"，又给平山堂增添了怀古的高致格调，而与欧阳修亦师亦友的他，或许是对平山堂最有感情的。

苏轼第三次登临平山堂时，欧阳修早已去世。看到恩师栽植的"欧公柳"，他感慨万端，遂赋《西江月·平山堂》，并用欧阳修的自称"文章太守"表达思念之情：

三过平山堂下，半生弹指声中。

十年不见老仙翁，壁上龙蛇飞动。

欲吊文章太守，仍歌杨柳春风。

休言万事转头空，未转头时皆梦。

"文章太守"的风范，打开了"扬州太守例能文"的源头。北宋元祐七年（1092年），苏轼也成为了扬州"市长"，其无不遵循"宽简之政"，减免赋税，为民谋利，并在平山堂后修建谷林堂，表达自己永远追随恩师的深情厚谊。

历史文化传承的载体，既有有形的，也有无形的。平山堂也不例外，它留给扬州的，不仅是一处古迹遗存，更是一种精神感召——宽简为政，贤守清风。

瘦西湖

扬州 "运"载千秋

琼花芍药世无伦

花香，是扬州千年不散的气韵；花开满城，以琼花和芍药为盛。

琼花一名，最早出现在宋人王禹偁笔下。时任扬州知州的他在始建于西汉的后土祠内无意间发现琼花，并在所作《后土庙琼花》一诗序文中详述了琼花被发现的过程："扬州后土庙，有花一株，洁白可爱，其树大而花繁，不知实何木也，俗谓之琼花。"诗曰："谁移琪树下仙乡，二月轻冰八月霜。若使寿阳公主在，自当羞见落梅妆。"

诗中的"寿阳公主"，是南朝宋开国皇帝宋武帝刘裕长女。相传有一日，公主在宫殿檐下小憩，一阵风吹散了满树梅花，正有一朵落在公主额头上，留下淡淡的粉红花痕。雅致的花痕，让她容貌更加秀丽端庄，引得众人竞相模仿，遂成就了古代女子流行妆容——梅花妆，公主也被人们尊为"梅神"。而让"梅神"羞见落梅妆的正是琼花，自此，琼花艳惊天下。

扬州琼花（左）

扬州芍药（右）

好花配好诗，花是香氛酿成的诗，诗是文字绘就的花。韩琦惊叹琼花为"维扬一株花，四海无同类"，刘敞赞誉"东风万木竞纷华，天下无双独此花"。而最爱琼花者，当属欧阳修，为了赏花，他在琼花旁建"无双亭"，并写下"琼花芍药世无伦，偶不题诗便怨人"的名句。

与琼花齐名的，还有芍药。北宋史学家刘攽在《芍药谱》序中说："天下名花，洛阳牡丹、广陵芍药为相侔埒。"[①] 的确，扬州的芍药栽培史，始于隋唐，极盛于宋。据《芍药谱》记载，当时扬州"畦分亩列，多者至数万根"，其又有各类珍贵异种，至今仍留下"冠群芳""赛群芳""尽天工""晓妆新"等花名。而芍药中的极品当推"金带围"——此花不常开，开时一枝四杈各开一朵，上下红瓣，中间一圈黄蕊，犹如红袍束上金带，故称金带围。

据沈括《梦溪笔谈》记载，北宋庆历年间，韩琦在官署后院种植了很多芍药，时值花开，邀请正在扬州的王珪、王安石、陈升之赏花饮酒，各簪花一朵。此后30年里，昔日赏花的四人先后做了宰相，而那日他们所簪花的品种正是金带围。因此，金带围被认为是"宰相之兆"，拥有了"好彩头"的寓意，承载着人们的美好期待。

琼花与芍药是扬州园林中常见的营园要素。在扬州"第一名片"瘦西湖景区内，就有专门的赏花点：五亭桥北水云胜概的琼花、簪花亭的芍药……花开时节，姹紫嫣红，千百年双花氤氲的香气，一次次让烟花扬州沉醉。

---

① 曾枣庄、刘琳：《全宋文》第69册、《芍药谱》，上海辞书出版社2006年版，第164页。

诗渡的流量之谜

北宋熙宁八年（1075 年），被罢相后再度起用的王安石离开寓居的钟山（今南京紫金山），沿大运河北上都城东京，应宋神宗征召，继续推行新法。船至瓜洲渡，大地回春，草木新绿。月光下，他带着对"富国强兵"的憧憬和作别故乡的离愁，写下一首《泊船瓜洲》：

京口瓜洲一水间，钟山只隔数重山。

春风又绿江南岸，明月何时照我还？

尽管变法又一次失败了，此诗却点亮了中国人文历史上的一个地理坐标——瓜洲渡。

瓜洲位于长江北岸，距扬州市中心 15 公里，与镇江市隔江相望，由于泥沙淤积，江中沙渚状如瓜形而得名。唐开元年间，伊娄运河的开凿，大幅缩短了江南漕船过江路径，而必经之地瓜洲也日渐繁荣。到了北宋，由南至北行进的漕船都要经此转道大运河，瓜洲渡成了大运河上的"黄金渡口"。

事实上，瓜洲水域也是无数行者人生的"岔路口"——春风得意、彷徨惆怅，抑或悲喜交加，不同境遇交汇，留下不朽诗篇。"杨花满江来，疑是龙山雪"，这是李白的浪漫飘逸；"汴水流，泗水流。流到瓜洲古渡头，吴山点点愁"，这是白居易的离情愁绪；"英雄恨，古今泪，水东流。唯有渔竿明月、上瓜洲"，这是张辑的家国哀怨；"眼前风景异山河，无奈诸君笑语何"，这是文天祥的沉痛悲凉……近万首诗词，成就了瓜洲"千年诗渡"之美名。

到了南宋，瓜洲化身胶着的战争前线。绍兴三十一年（1161 年），江淮浙西制置使刘锜在瓜洲城北皂角林设伏兵，击败金军。其后，金帝完颜亮率大军亲征，南宋军队在文臣虞允文指挥下，

瓜洲渡

于瓜洲布置数道防线，屡次挫败金军。两军对垒，若实力相当，考验的就是指挥者的冷静、沉着和耐心。急于求胜的完颜亮强令部队三日内渡江，激化了内部矛盾，导致兵变，他被部下袭击，命丧瓜洲渡。这段历史，也赋予诗人陆游万丈豪情，留下了"楼船夜雪瓜洲渡，铁马秋风大散关"的名句。

　　桑田变沧海，曾由长江冲积孕育而成的瓜洲，早已消失在历史的尘烟里。现在的瓜洲镇，由瓜洲原址以北的四里铺衍变而来。在瓜洲运河入江口处，昔日古渡遗迹被发掘保护并活化利用，成为瓜洲古渡公园，花木扶疏、楼台隐映，讲述着气贯江淮的壮阔情怀、传颂千载的诗意绵长。

苏州
姑苏之平江弦歌

宋代佚名《玉楼春思图》

何以"人间天堂"

苏州之名,始于隋开皇九年(589年),因城西南姑苏山而得名。北宋政和三年(1113年),宋徽宗升苏州为平江府,取"大江大河水流至此渐平"之意,其名沿用至明初。正所谓,平江是藏于苏州的绝代风华,苏州是平江宋韵的秀美延展。

时间流淌,从春秋伍子胥建阖闾大城至今,苏州已有2500多年建城史,一直延续着"水陆并行、河街相邻"的双棋盘格局。虽说宋代平江已成历史,但千年岁月沉淀出的江南风韵却醇厚而雅致。

在水一方姑苏城

"上有天堂,下有苏杭",这句经典民谚已流传了千年。那么,苏州缘何与杭州共享"天堂"之名?答案或许就在那一汪碧水之中。

苏州,城内河港交错,湖荡密布,是名副其实的"水乡泽

苏州太湖湖滨国家湿地公园

国"。司马迁在《史记·货殖列传》中就称吴（苏州）有"三江五湖之利"。[1]

在水一方的吴人自古精于水利。春秋时期，为了伐楚，吴王阖闾命伍子胥开挖了一条人工运河——自苏州胥门起，在安徽芜湖通达长江，取名"胥溪"。尽管这是出于军事之需，但就大运河历史而言，它却是江南运河的雏形，苏州也因此成为我国最早打通运河交通的地区之一。

隋唐时期，江南运河贯通，苏州正式纳入大运河水系。北宋建立后，基本沿袭隋唐大运河线路，接续书写河绕城转、城因河兴的动人诗篇。

柳暗阊门逗晓开，半塘塘下越溪回。

炊烟拥柂船船过，芳草缘堤步步来。

---

[1] 司马迁：《史记》，中华书局2011年版，第3268页。

　　这首范成大的《半塘》，描述的就是当时苏州山塘河舟楫往来的盛况。山塘河是苏州刺史白居易带领百姓开凿的一条人工河，也是古代大运河苏州段的主干航道之一。到了南宋，随着政治中心南移，山塘河迎来了史上最昌盛的时期，沿其两岸，民居、寺院林立，店铺、茶苑、酒肆等日渐繁荣。

　　自宋以降，大运河的漕运功能愈发凸显，苏州继而成为漕粮的重要源头，大批粮食经运河运至开封。平江河作为苏州城内最古老的河道之一，时至今日依旧是大运河中繁忙且具有活力的河段，而苏州也因此成为中国大运河沿线唯一以古城概念申遗的城市。

　　农桑和水利，一直是农耕社会的命脉。民谚"苏湖熟，天下足"中的"苏湖"，就概指苏州等太湖附近州府一带，自古就是富庶之地，鱼米之乡，影响全局。北宋著名水利学家郏亶也有过"天下之利，莫大于水田。水田之美，无过于苏州"的描述。①

但其时太湖下游却水患频发，严重危及农业生产。治水，便成了北宋朝野关心的一件大事。这就需要提起一生忧国忧民的范仲淹，他在治水上的建树令苏州人念念不忘。

范仲淹知苏州时，太湖大水，"沦稼穑，坏室庐"，他"观民患，不忍自安""询访高年""深研利病"，提出"修围、浚河、置闸，三者如鼎足，缺一不可"的治水良策，取得了显著成效。时隔50年后成书的《吴郡图经续记》记载："（范仲淹）力破浮议，疏瀹积潦，民到于今受其赐"。②俗话说，水财一源，水治民安。自宋历元明清各代，吴中水利者大都汲取其经验并加以完善。从此，"人间天堂"有了一个生动的注脚——"鱼米之乡"。

水是苏州的灵魂，那一汪碧水里，有水乡的温柔缱绻，亦有吴越的动人风情。而苏州，也在以自己的方式守护着这份上天的眷顾——作为平江历史文化街区的重要水系，中张家巷河在消失半个多世纪后通水"重生"，碧水清流，鱼翔其中，沿河岸边，游人席堤而坐，捕捉水的倩影、聆听水的吟歌、品味水的韵致……

兴学利千秋

范仲淹不仅是名副其实的治水专家，也是一位有远见卓识的治学大家。"国家之患，莫大于乏人"，就是他的一句名言。

知苏州次年，范仲淹便上书请立郡学，将自己在南园买的一块地捐出。风水先生言此地为宝地，在此建家宅，子孙后代将"踵生卿相"。他却认为，与其自己一家富贵，不如"天下之士咸教育于此"，培养出更多栋梁之材。于是，他便在此地建立府学，形成"左庙右学、庙学一体"的建筑格局。此举开风气之先，

---

① 范成大：《吴郡志》卷十九（水利上），江苏古籍出版社1999年版，第538页。
② 朱长文：《吴郡图经续记》卷下（治水），江苏古籍出版社1999年版，第52—53页。

范仲淹《远行帖》

为后世效仿。此外,他还聘请大儒胡瑗为师,讲授"明体达用之学",遂有"苏湖教法",开创了我国分科教学的先河。进而,苏州文脉流转,崇文尚德,登科者不绝。元代大儒郑元祐的《吴县儒学门铭序》对此评价道:"天下郡县学莫盛于宋,然其始亦由于吴中,盖范文正以宅建学,延胡安定为师,文教自此兴焉。"[1]

济济多士,乃成大业,人才蔚起,国运方兴。北宋时期,苏州共出进士百余名,被誉为"状元之府"。绵延至今,苏州涌现出上百位两院院士,成为蜚声海内外的"院士之乡"。

如今的苏州文庙,虽历经千载风雨,初建时布局却未曾改变,明伦堂、大成殿、棂星门、崇圣祠等建筑也都保持着明代重修时的风格。

---

[1] 杨果:《宋辽金史论稿》,商务印书馆2010年版,第386—387页。

明伦堂是苏州府学的主体建筑之一，为学宫、书院的正殿，是古代学子和学者们读书、讲学、弘道的讲堂。现存明伦堂为清同治年间重建。大成殿原称"文宣王殿"，宋徽宗时改称"大成殿"，是文庙的主体建筑，为正殿。殿内共有50根珍贵楠木柱支撑，实属罕见。殿堂建筑规模仅次于苏州玄妙观三清殿，是保存较为完好的文庙建筑之一。现存建筑为明成化年间所建，建筑结构严谨、风格古朴庄重。

　　1981年，文庙重修，在原址上建成碑刻博物馆，其内珍藏着一方刻有范仲淹画像的石碑，上有从宋至明的多位名人题赞。金代元好问曰："文正范公，在布衣为名士，在州县为能吏，在边境为名将，其材其量其忠，一身而备数器。"[①] 此论中肯、公道，有分量、多教益，真切反映了范仲淹"先天下之忧而忧，后天下之乐而乐"的仁人志士风范。

"天地人城"之宋碑

　　宋代是我国古代科技高速发展的一个时期，图文碑对此则作出了生动诠释与注脚。今天，在苏州碑刻博物馆中存有"天、地、人、城"四大宋碑（《天文图》《地理图》《帝王绍运图》《平江图》），其中前三通碑刻均由黄裳所绘，王致远刊石。

　　黄裳曾担任嘉王府翊善，而"天、地、人"三图就是他为嘉王量身定制的教学参考资料。据记载，黄裳绘制的图原有8幅，流传下来只剩3幅。

　　《天文图》依据北宋元丰年间星象观测结果绘制而成，上半部为星象，下半部为文字说明，是世界公认现存最古老的星象实测图。《地理图》所绘地理位置详尽精确、行政区域面广量大，跋文中"乃今日自关以东、河以南，绵亘万里……追思祖宗开创之劳，

---

① 《范仲淹全集》附录九（范文正公画像赞），中华书局2020年版，第1109页。

可不为之流涕太息哉",也饱含着对故土的无限留恋。可以说,这两图是宋代科技发达的印证,作为"我国科技史和世界科技史上的杰作"而享誉于世。

《帝王绍运图》则是一部描绘帝王世系的图表,意寓承上启下的延续,其上部是自五帝到南宋理宗的帝王世系,碑文以"自古及今,治不能十一,而乱常八九,为君者亦可以知所戒矣"为论点,规劝嘉王汲取"治与乱""离与合"的历史教训。

之后,在平江知府李寿朋主持下,由吕梃、张允成和张允迪刻石的《平江图》诞生,成为中国乃至世界年代最早、保存最完好、刻制最详尽的石刻城市平面图之一。

但人们或许不会想到，该图竟与一场战争有关。南宋建炎三年（1129年），金兵进攻平江，激烈的战斗，让"吴中坊市悉夷为平地"。后经百余年不断修建，古城才逐渐恢复昔日风貌。为了记录此事，李寿朋下令将平江城的全貌定格：从环绕城市的城墙和水陆城门，到密织交通网络的街巷与河流、宅第园林、百姓集市，甚至一棵树都跃然碑上。

"丁巳秋八月郡人叶德辉朱锡梁督工深刻"，这是刻在图碑上的一行文字。碑上没有标注刻石年代，那这段文字从何而来呢？

原来，《平江图》碑原嵌于苏州府学仪门内，历经风雨吹打，早已淹没在文庙荒草中。直至民国初年，一批编纂《民国志》的学者在文庙整理故物旧碑时发现了这块碑。当时其已被侵蚀得图文漫漶，左下方缺失了一角。由于碑刻图文的损坏或缺失会影响文物研究价值，学者们经过论证，决定将此碑深刻。岁月失语，惟石能言，今天我们看到的便是深刻后的模样，该碑也成为破解姑苏古城密码的一把钥匙。

千年文华依旧

锦绣江南,姑苏尤最。这里至今仍保留着"小桥流水、粉墙黛瓦"的江南风韵,如诗如画,让人陶醉。

时代变迁,文华依旧。作为江南文化的重要发源地,这里的一草一木、一砖一瓦、一园一景、一桥一塔、一腔一调,都蕴含着浓浓的"平江味道",抹之不去,愈品愈浓。

遇见"真江南"

平江虽早已成为历史,但其宋韵却融进了古城肌理。正如2500多岁的平江路,北接拙政园,南眺罗汉院双塔。顺着平江路,沿平江河从北至南,共架有胡厢使桥、积庆桥、雪糕桥、寿安桥、思婆桥等17座桥,多为宋代遗构。一座座桥连接着古今,浓缩着烟云,沿河两岸粉墙剥落,让人顿感岁月沧桑,而这正是守护平江风华的用心之作。为保持平江路格局格调始终不变,当地坚持"整旧如故、以存其真"的理念,即便粉墙脱落也不刷白,目的就

罗汉院双塔

是留住原初模样,完整保留苏州古城的历史环境和生活方式,让传统与现代、古老与年轻交织相融。

如果说小桥架起了绵柔的水乡,街巷则构成了繁华的市井。沿河两岸散射出的许多小街巷,被风雅的文人赋予了美丽的名字——大儒巷、中张家巷……这些具有浓厚吴越韵味的小街巷,道尽了苏州的风情岁月。

"袅晴丝吹来闲庭院,摇漾春如线",驻足桥边,昆曲《牡丹亭》唱词隔河传来,轻柔地融入人们的生活日常;"青砖伴瓦漆,白马踏新泥,山花蕉叶暮色丛染红巾",拐进街巷深处,苏州古风民谣《声声慢》韵味悠长,百转千回……

吴侬软语、评弹音韵,还有那梦不尽的小桥流水和粉墙黛瓦,平江路几乎填满了人们对于江南水乡的全部想象。这般玲珑别致,这般温柔缠绵,这般留恋不舍,足以配上"真江南"的赞誉。

酒会惹的"祸"

北宋庆历四年（1044年）九月，宋朝的狂欢节——秋季赛神会如期而至。按惯例，这一天，京师各衙门都会准备酒馔，"吏史列坐，合乐终日"，苏舜钦主管的进奏院也不例外。

为了筹集酒会经费，苏舜钦将衙门院子里一堆积存多年的废纸卖掉。没承想这一随意之举，却为自己埋下了祸根——时任"太子中舍"的李定因参加酒会被拒心生怨气，便告他贪污腐败并有诗讽刺朝廷等。

次年，苏舜钦被撤职查办，贬为庶民。盛夏，他从东京城南下来到了苏州，乘舟经过苏州府学，看到一处风景怡人之地，顿时一个想法涌上心头——余生要与山林为伴，于是很快便买下此地。事情有时就是这样，个人的不经意反而促成了传世瑰宝的问世。他不会想到，此举竟造就了苏州现存最古老的园林——沧浪亭。

沧浪之水清兮，可以濯吾缨；
沧浪之水浊兮，可以濯吾足。

或许有感于自己蒙冤遭贬的境遇与屈原颇似，苏舜钦在园中北部曲岸上构筑高亭，取名"沧浪"，并自号"沧浪翁"。于他而言，这句诗歌或有更深涵义，借此表明自己入仕和出仕之道——官场清明则积极入仕，官场昏暗则逍遥隐居。建园后，苏舜钦常与好友作诗酬唱往来。只可惜浮生若梦，在他复官当年年底即病逝。此后，沧浪亭几经易手，南宋时韩世忠就曾居此。后经修葺重建，沧浪亭仍保持了建园时"草树郁然，崇阜广水"的特色，景色自然秀丽，建筑朴实简雅。

沧浪亭最大的特色是以廊环园，山在园中、水在园外。它的美在于借景，布局开敞自然，通过内外两道长廊，将园外萦回之

沧浪亭对联

葑溪纳入园景,是苏州园林中唯一未入园先得景之佳构。

桃花争妍、荷花飘香、石榴盘枝、梅花斗雪……步入曲廊随波的走廊,可以看到廊墙上有很多漏花窗。其样式和图案各不相同,是园林中移步换景的典范,桃、荷、石榴、梅花四幅最具代表性,意为春夏秋冬四季之景。

园内堂馆轩榭环山而筑,东西有康熙、乾隆二帝之"御碑亭"。廊轩相连,与水辉映,自成院落,别具一格。此外,园内还有五百名贤祠,壁上嵌有自春秋至清代与苏州历史有关的名人石刻像五百多尊,弥足珍贵。

可以说,沧浪亭是苏州古典园林的代表,它不仅传递出了对于个人品格和社会责任的深沉思考,还体现了人们对于自然美景和人文精神相结合的独特美学追求。

古塔的守望

"昔年买棹过阊阖,未见苏城先见塔。"塔,既让历史矗立,也让文化长存。

众人皆知苏州园林举世无双,其实苏州还是一座"宝塔之城",历史上保存下来的古塔就有几十座,如虎丘塔、瑞光塔、双塔等,现存宋塔极多,为全国之首。

名气最大的当属虎丘塔,正如苏东坡所云,"尝言过姑苏不游虎丘,不谒闾丘,乃二欠事"。[①] "虎丘"之名与春秋时期吴王阖闾有关,相传虎丘山剑池底下为阖闾墓穴。据《越绝书》记载:"葬三日而白虎居上,故号为虎丘"。[②] 剑池之上,便是古城苏州的象征和标志——云岩寺塔,俗称虎丘塔。该塔是一座七层八面仿木楼阁式的砖构佛塔,高约48米,主要建筑材料是条砖和黄泥。

唐代是我国佛教兴盛时期,佛塔主流呈正方形,从五代至宋代逐步向八边形(六边形)、砖木混合结构、双筒体演化。虎丘塔则完美展现了这一变化。

作为江南现存年代最早的一座佛塔,虎丘塔可谓多灾多难,特别是明崇祯十一年(1638年)的那场大火,将塔顶及各层木檐焚毁。其后,塔身出现严重倾斜,为了防止倒塌,将六层以上部分拆掉重建,由原来的九层古塔改为七层,且在七层位置有意向东南倾斜,减缓其向西北偏倒的速度。新中国成立后,虎丘塔经历了两次加固维修,目前塔顶偏离底面中心2.34米,是我国极负盛名的斜塔之一。

"斜"是虎丘塔之形,"孝"是瑞光塔之魂。三国时期,孙权为报母恩,于普济禅院(今瑞光寺)建十三层舍利塔,即今瑞光塔,与雄踞苏州西南的"盘门"水陆城门、横跨运河的"吴门桥"连结为"盘门三景"。

[①] 《虎丘山志》,文汇出版社2014年版,第1页。
[②] 李步嘉:《越绝书校释》,中华书局2013年版,第33页。

现存瑞光塔的砖砌塔身基本为宋代原构，第六、七两层及塔顶木构架虽经后代重修，但其群柱框架结构在现存古塔中也不多见，底层塔心的"永定柱"建法也属罕见，这为研究宋代《营造法式》提供了实物依据。当然，最为人乐道的还是它藏于塔心极为珍贵的五代、北宋文物。这批文物现今被苏州博物馆收藏，为镇馆之宝。

形制相同、比肩而立、高30余米……如果说虎丘塔与瑞光塔体现了宋代建筑的建造精巧，位于苏州城东定慧寺巷内的双塔便有些"神乎其技"。

双塔又称罗汉院双塔，北宋太平兴国七年（982年）起由王文罕、王文华兄弟捐资建造。双塔中的一座名为舍利塔，另一座为功德塔，其间距不到20米。能够在这么近距离修建两座塔，足见当时营建水平之高。其"特殊"之处，还在于塔冠上高达9米的塔刹。两个塔刹皆用生铁铸成，每个足有5吨重，当时是如何将此巨物"搬"上去的，至今仍是个谜，众说纷纭。

除宝塔外，苏州还有丰富的佛教道教文化遗产，如保圣寺，寺内有唐代著名雕塑家杨惠之所塑的九尊泥塑罗汉，其设计之巧妙、塑艺之精湛，全国罕见；又如玄妙观三清殿，是长江以南最大的宋代木构建筑，也是研究宋代南北建筑差异的重要例证。

遥望平江，品味姑苏，岁月不败美人，韶华不负流年。这些文化遗产，就像是历史画卷中的笔触，或浓墨重彩，或轻描淡写，均记录着苏州这座古城内外的故事，江南文韵的汩汩清流正自岁月深处涌来，浩浩荡荡，奔向未来。

福州
有福之州

赵伯驹《蓬瀛仙馆图》

山水皆有福

汉高祖五年（公元前202年），无诸被刘邦封为闽越王，建都东冶，兴建冶城，福州2200余年的建城史由此启幕。因"州北有福山"，唐开元十三年（725年），改称"福州"。到了宋代，福州发展成为东南全盛之邦。

自修筑冶城始，福州的城市中轴线就以屏山为起点，沿鼓屏路、八一七路向南，直达烟台山，千年不移。沿着这条时空长廊，闽都的文化底蕴与历史魅力逐渐铺展开来。

三山两塔一条江

"福"代表了中国人对一切美好事物的向往。其字最早见于甲骨文，为"双手举酒祭天"的象形文字。东汉许慎《说文解字》云："福，祐也"，意谓保佑、赐福，象征幸福、吉祥、喜庆、圆满等。中国传统文化中有"五福"之说，据《尚书·洪范》述："一曰寿，二曰富，三曰康宁，四曰攸好德，五曰考终命"；[①] 在民间，

[①] 《尚书译注》，中华书局2012年版，第157页。

白塔（左） 乌塔（右）

又指"福、寿、喜、财、康"。每逢春节，家家户户都在屋门、墙壁贴上"福"字，表达希冀和祝愿。地名亦取字义，名中带"福"自多福，故而福州自古就是令人向往的一块福地。

如果说时光是把刻刀，那"三山两塔一条江"便是有福之州的"图章"，这一保留至今的古城格局，孕育了福州的独特风韵。

北宋陈轩曾任福州知州，初到此地，他就被眼前的美景所感染，挥笔写就《福州》一诗：

城里三山古越都，相望楼阁跨蓬壶。

有时细雨微烟罩，便是天然水墨图。

其"三山"指的就是乌山、于山和屏山。乌山素有"蓬莱仙境"的美称，是"三山"之首。相传汉代何氏九仙于重阳节登此山引弓射乌，故又名"射乌山"；唐天宝八年（749年），唐玄宗赐名"闽山"；北宋福州知州程师孟登山揽胜，认为乌山美景可与道家仙山相比，遂改名"道山"，建道山亭并请唐宋八大家之一曾巩作《道山亭记》，使此山声名远扬。

"白天爬乌山，晚上登于山。"这是当地的一句俗语，表达了福州人对两山的喜爱。与乌山一样，于山也是游览胜地，被誉为"城市后花园"。相传战国时于越族的一支迁居于此，故取名于山。于山人文气息浓厚，留下各类遗迹30余处，其中，炼丹井、状元峰、平远台等，就是宋代遗存。

屏山位于福州中轴线北端，因山峰状如一座大屏风，故得此名。山巅旧有环峰亭、绝学寮，为宋丞相张浚读书处，西麓龙腰村还有题名为"苔泉"的宋代古井。

三山之外，"两塔"则彰显了福州的另一种风采，指的是白塔和乌塔，合称"榕城双塔"。

白塔是于山西麓的定光寺塔，因通体白色而得名，始建于唐天祐元年（904年），系闽王王审知为其父母及兄长荐福所建。内部塔心砌砖，外部木构楼阁，每一面墙和门都绘有佛像。明朝时曾遭雷击焚毁，于嘉靖年间重建，为七层八角砖塔。

乌塔在乌山东麓，原名"崇妙保圣坚牢塔"，寓意高大巍峨、安定智慧、坚实牢固。五代十国时期的闽永隆三年（941年），王审知第七子王延曦在唐净光塔旧址上重建。它是福建省现存年代最早的大型石塔，以其独特的空心楼阁式结构和黑色花岗岩材料而闻名。此外，宋代许敦仁还有诗咏道：

蓬莱方丈与瀛洲，东引长江欲尽头。

几处坛场浑得道，万家楼阁半封侯。

这里的"长江"指的就是闽江。闽江以水量丰沛著称，穿城而汇入东海，说是它滋养了福州这座城，一点也不为过。千百年来，福州人脚下的土地，就是由闽江冲击而成的沙洲平原，特别是宋以后，以闽江干流及各支流为依托的水运网络，给福州带来了一段辉煌的商贸历史。

山水怀抱、山城相依，氤氲出福州山脉水韵与历史文化交相

福州闽江建筑群

辉映的别样风华，而"三山两塔一条江"也铺开一场盛大的文脉展陈，千百年来吸引着人们奔赴"有福之州"。

海上丝路的馈赠

北宋中前期，福州为"七闽之冠"，地理环境优越，水运交通便捷，是海上丝绸之路的天然良港。龙昌期在《三山即事》中描述了当地海上贸易盛况：

苍烟巷陌青榕老，白露园林紫蔗甜。

百货随潮船入市，万家沽酒户垂帘。

黄岐半岛的黄岐湾和定海湾一带有大量宋代沉船遗物，如定海出水的宋代黑釉盏、箕形端砚及茶园山宋墓出土的三层漆盒、圆漆盒等；黄升墓也出土过南宋褐色罗印花褶裥裙、褐色罗镶彩绘花边广袖袍等丝织品……充分表明福州在宋时已是海上丝绸之

路的重要节点。

  海上丝绸之路是一条商贸之路，中国的丝绸、瓷器、茶叶等物产和海外的香料、药物、宝石等互通有无。据蔡襄《荔枝谱》记载，宋代福州所产的荔枝，经"水浮陆转，以入京师，外至北戎、西夏，其东南，舟行新罗、日本、大食之属，莫不爱好，重利以酬之。故商人贩益广"。[①]同时，还出口大量茶叶，并将中国的茶叶品种、制茶技术和茶文化传播到世界各地。

  海上丝绸之路也是一条文化之路，中外文明的交流碰撞促进了科学技术的传播和文化宗教思想的交流。地处多元文化交汇的前沿，福州展现出向海而生、海纳百川的包容气度。作为刻书之乡，大量文献典籍通过福州港运至东亚各国，也形成了一条通畅的"书籍之路"。熊禾《上梁文》中"书籍高丽日本通"[②]描述的就是"麻沙本"（宋代建阳书坊刊印之书）远销高丽、日本的事实。

  往来于海上丝绸之路的商人、僧侣、工匠等，各自怀揣梦想，

[①] 参见《历代荔枝谱校注》，中国农业出版社2008年版，第9—10页。
[②] 熊禾：《勿轩集》，台湾商务印书馆1996年版，第804页。

是文明交流互鉴的重要力量。唐宋以降，阿拉伯人、波斯人、印度人、高丽人等纷纷来到福州，诸多福州人也凭借开拓精神与卓绝胆识，乘风破浪、勇涉险滩，到海外去开辟新事业。翻开历史的篇章，不得不感叹闽商善观时变、顺势而为、不惧风险的精神。这不仅是闽商文化特有的禀赋，也是一代代先驱敢为人先、敢闯敢试的力量之源。

一座古城从栉风沐雨的历史深处走来，留下看不完、道不尽的灿烂文化长卷，也曾打开了世界认识中国的重要窗口。马可·波罗抵达福州后，很快沉醉于此地的丰隆物产和宜人景色，在游记中，这位出身欧洲发达港口城市威尼斯的著名旅行家，将美丽、富饶等赞美之词毫不吝啬地赋予福州。

三坊七巷寄乡愁

"连树都是爱你的形状"——在福州市三坊七巷南后街安民巷附近，一棵榕树由于形状天然像一颗爱心，被称为"爱心树"，引得不少人前来观赏。当然，三坊七巷吸引人的地方，远远不止这棵树。

三坊七巷兴起于晋，成于唐五代，至明清鼎盛，至今仍保持唐宋以来鱼骨状坊巷空间格局，是中国古代城市中里坊制的典型代表，也是闽都文化和福州历史文化名城的一个重要标志。街区内保存了福州地区完整的建筑结构与风格，集中体现了闽越古城民居特色，极具艺术价值。

一条南后街，串起两侧十条街巷，西侧三片称"坊"，东侧七条称"巷"，自北而南依次为：衣锦坊、文儒坊、光禄坊；杨桥巷、郎官巷、塔巷、黄巷、安民巷、宫巷、吉庇巷。

衣锦坊是三坊的第一坊，旧名通潮巷。北宋宣和年间，里人陆蕴、陆藻兄弟曾分别担任福州知州和泉州知州。鉴于《诗

南宋建窑曜变天目茶盏

经》中以"棠棣"喻兄弟情,当地因二人荣归故里居于此巷,故取"棠棣"之意,称"棣锦坊"。南宋嘉泰三年(1203年),闽县人王益祥从江东提刑任上致仕后也居于此,取"衣锦还乡"之意,遂改名为"衣锦坊",沿用至今。

文儒坊为第二坊,此巷初名儒林坊,以宋祭酒郑穆居此,改今名。科举制度是封建社会选拔官员的主要渠道,也是古代莘莘学子改变命运的重要出路。福州作为文儒之乡,教育世家、科第世家层出不穷,不少都居于三坊七巷,其中,文儒坊的宋代理学家林之奇及其侄林子冲等令人惊羡,一门共出过10位进士。

第三坊是光禄坊,原名玉尺山,又名闽山,是福州"三山藏"之一。该地史上有一座法祥院,俗称"闽山保福寺",光禄卿、知福州知州程师孟时常来此吟诗游览,僧人将"光禄吟台"四字刻在石上。为感谢僧人,程师孟赋诗:

永日清阴喜独来,野僧题石作吟台。

无诗可比颜光禄,每忆登临却自回。

光禄坊由此得名。七巷的名字也是在历史发展中形成的。据《榕城考古略》载，郎官巷在杨桥巷南，宋刘涛居此，子孙数世皆为郎官，故名；塔巷旧名修文，宋知县陈肃改名兴文，后因闽国时建育王塔院于此改现名。还有的巷名来自民间传说，如吉庇巷，传宋代郑性之曾居此，中状元载誉而归时，巷中居民因凌辱过他而急着回避，遂称"急避巷"，后谐音改为"吉庇巷"，等等。

三坊七巷，这方约40公顷的街区可谓人杰地灵，仅晚清至民国初年，就涌现出百余位对中国近现代历史有重要影响的人物，如"睁眼看世界的第一人"林则徐、中国"船政之父"沈葆桢、"戊戌六君子"之一林旭。

三坊七巷，是福州文化的见证者、担当者，不仅是"闽都名人聚居地"，也因其历史潮流中的特殊坐标，被誉为"一片三坊七巷地，半部中国近代史。"走上青石板路，仿佛还能听见岁月的悠悠回响。一草一木、一砖一瓦，都静静诉说着过往的辉煌与沧桑，也在活化利用的今天，继续书写属于它的传奇。

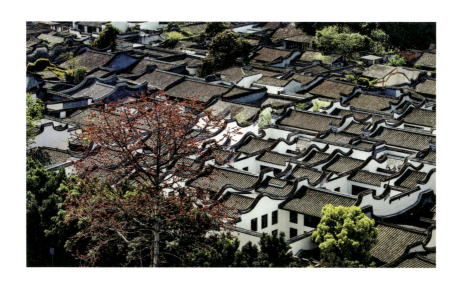

"闽都才子"来相会

福州之美，在于山水之灵，亦在于人文之盛。历史上不少名人雅士曾来此任职、游历或定居，宋代更是如此，他们或为官一任、造福一方，或隐居山林、寄情山水，描绘了绚丽多姿的古城画卷。

"榕城"诞生记

福州为何被称为"榕城"？这主要源于福州市树——总数超过16万株的榕树。目前，市区古树名木中，也有一半是榕树。特别是福州国家森林公园里的"榕树王"，相传由北宋福州知州张伯玉倡导植榕时所栽，已经950多岁了，其围径10米，树高20多米，冠幅1330平方米，形似山峰。

北宋治平二年（1065年），张伯玉任福州知州，他发现此地入夏酷热难耐，而榕树可御灾遮阴，于是号召百姓都来种植榕树，还颁发政令"编户植榕"，榕树种植随之蔚然成风。

遗憾的是，4年后，张伯玉便溘然离世。不过，榕树在福州已"绿荫满城，暑不张盖"。继任知州程师孟也赞同并倡导植榕，还诗赞前任"市长"：

三楼相望枕城隅，临去犹栽木万株。

试问国人来往处，不知曾忆使君无？

意思是说，真心实意为百姓谋福利的人，自然不会被忘记。今日福州，榕树满城。在闽江公园北园内，矗立着一尊张伯玉植榕的纪念雕像。的确，前人栽树，后人乘凉，先人的功绩不仅要铭记，更要发扬，这不正是我们这个民族长盛不衰的秘诀之一吗？

其实，比张伯玉早20年任福州知州的蔡襄，就开始了大规模植树造林。提起蔡襄，可谓大名鼎鼎，书法史上有一桩公案就牵扯到他。他与苏轼、黄庭坚、米芾合称"宋四家"，代表了宋代的书法风格和最高成就。正如北京大学教授、狂草书家李志敏所评价："蔡的高古、苏的奇气、黄的豪劲、米的沉着痛快，成就了宋之尚意书风。"但明清以来，一直有人认为"宋四家"中的"蔡"，原本不是蔡襄，而是蔡京。因后者品性为人所不齿，故而替换，不过蔡襄的书法造诣却无人质疑。殊不知，与其"书名"相当，他的"官声"也被人传颂。

蔡襄两知福州，甫一上任，他就倡议发动百姓在福州至泉州、漳州700余里的大道两旁栽植松树（有人认为，此为当地百姓叫法，实为榕树），既可防止水土流失，又可遮阴。当地民谣歌颂道："夹道松，夹道松，问谁栽之，我蔡公；行人六月不知暑，千古万古摇清风。"

植绿之余，蔡襄还留给福州人民一份珍贵礼物——荔枝。荔枝原产于广东，欧阳修曾写下"五岭麦秋残，荔子初丹。绛纱囊里水晶丸"来赞美它，杨万里也曾留下"飞来岭外荔枝梢，绛衣朱裳红锦包"的《荔枝歌》，苏轼更有"日啖荔枝三百颗，不辞长作岭南

蔡襄《山堂诗帖》

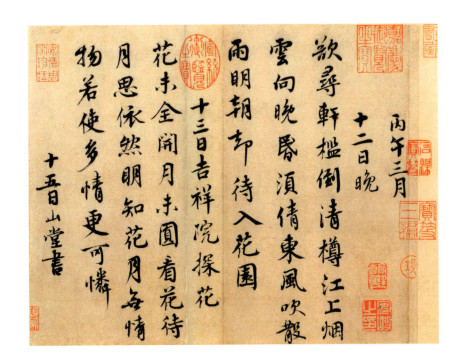

人"的名句。可见，古人对荔枝的喜爱，甚是热烈，蔡襄也是其中之一，他鼓励扩植荔枝，并作《荔枝谱》，该书是世界上最早的一部果艺栽培学专著。当时福州出产的"荔枝干"不仅是贡品，还远销新罗、琉球、大食等地，"一岁之出，不知几千万亿"。[1]

除了鲜美的荔枝，福州还有"中国春天的味道"——茉莉花茶。蔡襄在任时每年都上山手植茉莉，曾赋诗："团团末利丛，繁香暑中拆。"到清中期，福州已成为世界最著名的"茶港"，中国1/3茶叶由此出口，茉莉花茶则成为"销冠"，有"窨得茉莉无上味，列作人间第一香"的美誉。

任职期间，蔡襄的德政不胜细数——修复古五塘，灌溉稻田；拓宽晋安河，打通第一条贯穿城区和郊区的南北"大运河"；疏浚

---

[1] 参见《历代荔枝谱校注》，中国农业出版社2008年版，第9—10页。

西湖并疏导城内河道，构成四通八达的水网。在福州历史上，他第一次将内河与闽江连接起来，不但解决了城市供水、防火、防涝、污水处理等问题，还促进了水路运输和水产养殖。

"三山骨，闽水魂，榕树根。"当一座城市的历史文脉不只藏于古建城迹，也蕴于草木之间，那是何等鲜活，何等生机盎然！

古人也发"朋友圈"

如今，朋友圈的兴起使我们可以随时分享喜怒哀乐，让情感跨越时空的界限。可在没有社交媒体的宋代，文人墨客游山玩水、兴致之余，又如何抒发自己的情感呢？这在福州的摩崖石刻中，或许可以找到答案。

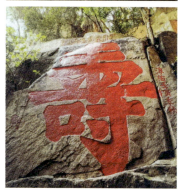

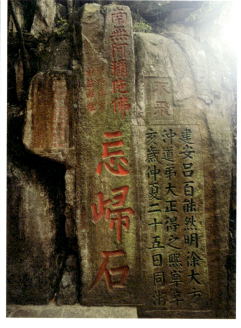

（左上）乌山"福"字摩崖

（左下）鼓山"寿"字摩崖

（右）蔡襄鼓山题刻"忘归石"

乌山西北坡高崖上，有一个字径约 4.25 米的巨大摩崖榜书"福"字。左边落款镌刻"晦翁"，即南宋理学家朱熹的号。据《乌石山志》载："在双峰梦下，宋朱文公楷书福字丈余，镌石。"[1]与之相呼应，鼓山灵源洞蹴鳌桥下的西壁上也留有朱熹的"寿"字题刻，此字为楷书，字迹刚劲敦厚。之所以刻在桥下隐蔽处，是取"藏寿"之意，谐音"长寿"。

朱熹在鼓山还留下了"淳熙丁未（1187年）"题记，怀念前任福州知州赵汝愚。4 年后，再任福州知州的赵汝愚看到朱熹题刻，不禁感慨赋诗：

几年奔走厌尘埃，此日登临亦快哉。
江月不随流水去，天风直送海涛来。
故人契阔情何厚，禅客飘零事已灰。
堪叹世人只如此，危栏独倚更徘徊。

这首诗抒发了他在多年政治生涯中壮志未酬的惆怅心情和对朱熹等故友的思念之情，历来被推为鼓山之绝唱。后来，朱熹又将故友诗中的"天风海涛"四字刻于鼓山绝顶峰，并注"晦翁为子直（即赵汝愚）书"。古人之间的交往不似现在这样方便，两人以石刻"留言"，隔空对话交流，是属于文人的妙趣。

福州的摩崖石刻主要集中于鼓山、乌山、于山等地，字体囊括篆、隶、楷、行、草。目前五城区（鼓楼、台江、仓山、晋安、马尾）内的摩崖石刻总数有 1520 余段，包括 198 段宋代摩崖石刻。值得一提的是，唐代书法家李阳冰的篆书《般若台铭》亦刻在乌山之上，高约 5 米、宽约 2 米，字迹饱含苍劲挺拔之力、婉转通畅之气，可谓八闽碑林之瑰宝。李阳冰是李白的族叔，曾为其作《草堂集序》。李白临终前，将自己的诗文草稿托付于李阳冰，也正因如此，相当一部分脍炙人口的诗作才得以流传至今。

福州宋代摩崖石刻的题写者，既有官吏，亦有学者。他们寄

---

[1] 殷伟：《福：中国传统的福文化》，福建人民出版社 2014 年版，第 284 页。

望于借助石头坚硬的质地，抵抗岁月的侵蚀和风雨的吹打，让自己的所悟所为穿越古今，被人铭记。这些石刻真实记录了古城的历史文化，是弥足珍贵的文物史料。

最后一滴泪

南宋末年，福州仓山区林浦村曾上演过惊天动地、可歌可泣可叹的历史大戏，"脚本"就在村中遗迹泰山宫里。

泰山宫见证了一个王朝的余晖。时间回到南宋德祐二年（1276年），元兵攻破临安，宋恭帝被俘，皇族南奔。益王赵昰、广王赵昺及大臣、将士，在林浦古码头绍岐礶登陆，建立行宫"平山堂"。年仅8岁的赵昰被陆秀夫等拥立为帝，史称宋端宗。文天祥前来投奔，复任右丞相，辅助抗元。然而，大势已无法挽回，元兵攻破福州，皇族再往南逃。11岁的端宗惊悸而亡，7岁的赵昺即位。祥兴二年（1279年），其在丞相陆秀夫的带领下，来到了王朝的最后一站——广东崖山。

厌倦了不断逃亡的南宋军民，决定在此背水一战。他们烧毁了岸上的建筑，准备大小船只千余艘，与元军在海上展开激战，但陷入绝境、腹背受敌的宋军很快战败。相传，陆秀夫在突围无望时，对宋怀宗赵昺说："国事至此，陛下当为国死，德祐皇帝辱己甚，陛下不可再辱。"而赵昺答道："十万军民共赴国难，国家将亡，朕虽小，亦不愿苟活于世！"这段君臣间最后的对话已不可考，但史书记载，陆秀夫背起小皇帝跳海殉国，宋这一沐浴过荣光，忍受过屈辱，缔造灿烂文华又在历史洪流中一次次奋起挣扎的王朝迎来落日。虽结局可叹，但末世里君臣二人所展现的忠贞不屈和视死如归传颂至今。

由于南宋军队撤离林浦时，曾开仓济民，当地百姓为感恩和纪念他们，将平山堂改作社庙，为避元廷猜忌，所祀神像均以神代

福州金山寺

人。明代社庙重建，复称为宫，冠以"泰山"二字，称"泰山宫"。

泰山宫由正殿、大王殿（即总管殿）及天后宫三部分组成，历经修葺。正殿门亭建在高台上，亭顶藻井华丽，饰有丹凤朝阳和双龙戏珠图案，隐约透露着异于世俗的尊贵气象。大殿面阔三间，进深五柱，前设戏台，左右厢楼，斗拱藻井繁复绮丽，雕梁画栋蔚为壮观。

宫庙两侧尚留辕门，庙前有平埕，是当时的校场，据传文天祥曾在此登台演兵。校场两侧各有一棵古榕树，为宋代栽种，但周围石栏上刻的已是元代纪年。透过辕门举目眺望，不远处的九曲山早已不复当年铁马金戈的模样。摩挲着宫庙前沧桑的石栏，不禁陷入怀古的幽思之中，既敬服王朝更迭之际南宋臣子"人生自古谁无死，留取丹心照汗青"的忠勇和壮烈，也扼腕在弱肉强食的年代，富而不强的国家不啻待宰的肥羊。

在国家危难之际，总有忠勇之士挺身而出、舍生取义，诠释了什么才是真正的家国情怀，同时作为优秀传统文化的基本内涵之一，也成为支撑中华民族历经磨难而不衰、饱尝艰辛而不屈的强大精神动力。

泉州
宋元时期的海贸中心

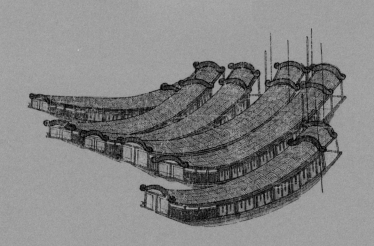

洛阳桥月光菩萨雕像

海丝之路自此开

泉州，古称刺桐城，周秦时代即已开发，是宋元时公认的"东方第一大港"。泉州之名始于唐景云二年（711年），后几次易名，直到北宋太平兴国三年（978年）得以复名，沿称至今。

城市都有自己专属的符号，泉州则始终与海连在一起。"闽在海中"的地理环境赋予了其天然喜水的性格，注定要拔锚扬帆、舟楫万里，而起航的"吉日"则选在了宋朝。彼时，它代表了繁盛、富庶、活力和希望，后来，历史学家给这段"蓝色之旅"，取了一个极富东方意蕴的名字——海上丝绸之路。

古代的"海关"

航海早期，西方有一个传说——遥远的东方有一个名为Zayton的美丽海港，舟如巨室、繁华无比。但从汉文文献里查找，中国并没有这样一座城市。直到1965年，泉州出土了一块元代墓碑，碑上一面阴刻波斯文，一面竖刻汉字，是一个叫阿含抹的人为父亲所立,他把父亲埋葬在母亲出生的城市,此地便是Zayton。而Zayton就是刺桐的外文发音,也是当年外国人对泉州的称谓。事实上,这与五代时清源军节度使留从效在泉州修筑罗城有关,当时修外城墙时环植刺桐,所以,"刺桐城"之名便流传开来。

繁盛并非与生俱来。古时的泉州尽管拥有深水良港的天然禀赋,但尚不足以支撑其成为世界海贸中心,它还需要耐心的等待。天时、地利、人和是成功的三要素,缺一不可。古往今来,凡成大事者,无不是在合适的时间,占据了有利的位置,并得到众人之助,而后才得以玉成。随着"大迁徙时代"的到来,泉州终于集齐了这块"命运的拼图"。特别是从五代十国到宋末元初,士族百姓南渡入闽避难,不仅带来了先进的生产技术,也带来了中原的思想文化,这对当地观念的转变及社会风俗的改良等均产生了不可估量的影响。我国拥有绵长的海岸线,又有大量终年不冻良港,但长期以来,商贸交流主要在陆路上进行,汉代张骞出使西域,贯通东西方交通,陆上丝绸之路开始兴起,到了唐代,阿拉伯帝国崛起并垄断西亚与北非间贸易,加之安史之乱后,唐朝丧失对西域控制权,使陆上丝绸之路逐渐衰落。北宋建立后,开辟海上商路,发展与东南亚国家的贸易关系,这就是著名的"海上丝绸之路"由来。随之,泉州作为梯航万国的海港潜能被彻底激活了。

北宋元祐二年(1087年),朝廷在泉州设置市舶司,据记载,其主要承担"掌蕃货、海舶,征榷贸易之事,以来远人,通远物"[①]等职责,基本功能类似于今天的海关。此举于泉州可谓意义重大、影响至深。

在泉州设置市舶司之前,商船如果要出海贸易,向南航行则必须去广州市舶司申领公凭,回航时办理抽解手续后才能把货物

---

① 陈泗东、庄炳章:《泉州》,中国建筑工业出版社1990年版,第29页。

泉州市舶司遗址

运回来；北航者则需到明州（今宁波）办理同样手续。北宋元丰三年（1080年），朝廷下令："诸非广州市舶司，辄发过南蕃纲舶船，非明州司，而发过日本、高丽者，以违制论。"[①] 泉州商船出海手续繁复，费时费力，严重制约了其海外贸易的发展。而市舶司的设立，不仅规范了海外贸易，推动各行各业的繁荣，也使泉州正式成为官方的外贸海港，由此进入了对外交流的鼎盛时期。

南宋宗室南迁时，泉州已成为闻名海外的东方大港。宗室的到来，一方面，进一步巩固了其领先地位，担任市舶司官员的宗室人员就达20多位，很大程度上提升了人员素质水平，增加了人才储备；另一方面，也带来了中原先进的手工艺技术，增强了制造业的竞争力，其庞大的奢侈品消费也促进了海外贸易。泉州甚或成为皇权副中心，获取了更佳的优惠政策，逐步成为全国海外

---

① 沈冬梅、范立舟：《浙江通史·宋代卷》，浙江人民出版社2005年版，第493页。

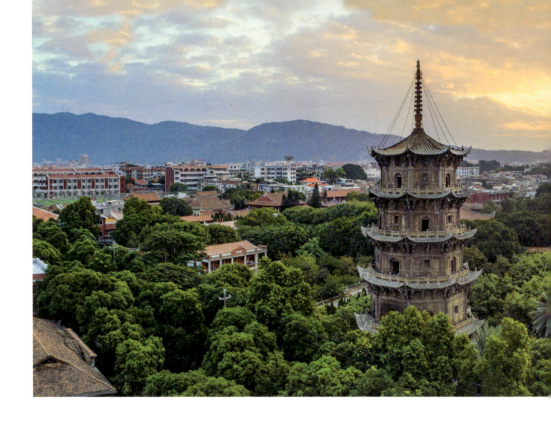

晨曦中的宋代东西塔

贸易的总吞吐港。此外，南宋朝廷也注重委派得力官员治理泉州，从建炎元年至咸淳初年的140多年间，知州中进士出身的就有近90人。

随着天时、地利、人和的加持，泉州进入了对外贸易的黄金时代。风口之下，泉州接住了这"泼天的富贵"，一跃成为"经济特区"，随着那一声"开船喽"的吆喝声，驶向了大海的最深处。

涨海声中万国商

2021年，经第44届世界遗产大会审议通过，"泉州：宋元中国的世界海洋商贸中心"列入世界遗产名录。这座低调的滨海城市再次被拉回人们的视线，与海的那段往事也呼之欲出。

"大批商人云集这里,货物堆积如山。"[1] 这是马可·波罗对泉州的最初印象。究竟是怎样的繁华,引得一名外国人如此赞叹,或许通过那艘"穿越之船",能看得更真切些。

1987年,在广东台山、阳江交界海域发现了一艘古代沉船,即"南海一号"。经考古证实,那是一艘从泉州港出发,前往海外进行贸易的货船。从沉船中,可以窥见宋代造船技艺之高超:考古发掘显示,沉船船体长约30米,宽近10米,14道舱壁分隔出15个水密隔舱,这项技术是保障船只能在海波中行驶而不进水的关键,也让船只航程大幅增加。舱内装满了货物。除了堆得密密麻麻的瓷器,还检测出了丝蛋白,证明船上也有丝绸。此外,还发现了铁器,而这可能就是"南海一号"沉海的根本原因。虽然细节已无法还原,但从船上遗留的蛛丝马迹或许不难推测:当本

---

[1] 陈开俊译:《马可·波罗游记》,福建科学技术出版社1981年版,第192页。

开元寺

就满载货物的船经海关检验出海后,借助小船又把大量沉重的铁器私自装上来,导致超载,吃水太深,让水密隔舱丧失作用,遇到大的风浪便快速沉没。一艘船也浓缩了一个时代,在疆域大幅缩小的南宋,国家财富积累一大部分依靠海外贸易。出海,无论对于从事海贸之人,还是对于整个国家,是机遇也是挑战。

"三分天注定,七分靠打拼",泉州人天性中就有闯世界的气质,滔天巨浪并未浇灭出海人的勇气信念,无数泉州人坚定扬起风帆,继续演绎着海上丝绸之路的故事。可以想象这样的画面:帆若垂天之云的大小海船汇集在港口,期待着"风色既顺,一日千里"的远行;又或者满载而归的航船靠岸入港,迎接它们的是无数新的梦想。泉州开放包容的胸怀,搭建了中外交流的桥梁,提供了自由贸易的土壤,也碰撞出思想文化的火花。由此,世界拥抱了泉州,泉州也走向了世界。

"苍官影里三洲路,涨海声中万国商"——这是宋朝诗人李邴对泉州商贸盛况的描述。北宋时期,与其有海上贸易关系的国家

清净寺

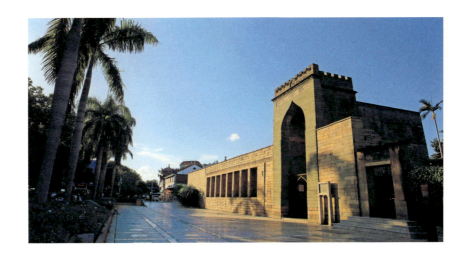

就多达 50 余个。到了南宋，又将部分商品的税费从"十取其二"[1]减少到"十五征一"[2]，优惠的税收政策，极大吸引了国内外商人，推动了港口的繁荣。南宋绍兴末年，泉州市舶司年税收占朝廷财政总收入的 1/50，成为我国古代最大商业都市和中世纪世界最大的商港之一，登上了古代"世界海洋商贸中心"的宝座。

因多元而多彩

"今生簪花，来世漂亮。"在泉州蟳埔渔村，无论是巷子里拍照的姑娘，还是街边满头银发撬海蛎的阿婆，都盘发梳成圆髻，系上红头绳，插着满头花。这套装扮叫"簪花围"，源于中亚妇女戴花的习俗，是宋元时期由海上丝绸之路交流带回来的。

随着海上交通的贯通，我国海外通商区域不断扩大，先后形成了东南亚、东阿拉伯海、西阿拉伯海和地中海四大贸易区。泉州与四大贸易区皆有通商往来，大量印度人、阿拉伯人、波斯人、

---

[1] 赵汝适：《诸蕃志校释》，中华书局1996年版，第9页。
[2] 参见徐松：《宋会要辑稿》，上海古籍出版社2014年版，第4213页。

泉州　宋元时期的海贸中心

日本人等云集于此，不仅带来了各国的珍贵货物，缤纷的思想文化也在这里交流交融，让这座滨海城市彰显出协和万邦、包容天下的"国际范儿"。

游人来泉州"打卡"的第一站，往往是开元寺。除了宏伟壮丽的古建筑，这里还是泉州历史文化的集大成之处。行走其中，不经意间就能遇见闽南文化中闪亮的多元风景。

在开元寺大雄宝殿后廊檐下，有一对16角形石柱，其外形及雕刻与南印度12世纪至14世纪的印度教寺院建筑相似。两根石柱上的24幅圆浮雕图案中，有9幅刻有印度教神话故事。明代重修大雄宝殿时，将这对石柱从元末废弃的印度教寺庙里移至此处。这就反映了泉州本土文化的多元包容特征。

自然界因生物多样性而绚丽多姿，人类社会亦由文化多元而丰盈深邃。在历史长河中，鲜有一种文化能像闽南文化这样多元，也鲜有一座城市能像泉州这样包容，来源不同、形式多样的各类文化在同一块土地上交融互鉴、历经千年而和谐共处。鉴于此，联合国教科文组织在这里设立了全球第一个"世界多元文化展示中心"。

在今天的泉州古城，以府文庙为中心，画一个半径1.5公里的圆，就能囊括拥有千年历史的关帝庙、我国现存最古老的清真寺清净寺、唐代的佛寺开元寺、福建第一座道观元妙观、国内外建筑规模最大的妈祖庙天后宫。漫步于此，耳边仿佛回荡着市井的嘈杂声、铺子伙计的吆喝声、络绎不绝的车铃声，遥想当年的兴盛繁荣，世界各地的商贾在这里进行贸易，不同的文化在此碰撞多彩的火花。

宋船的风帆早已落幕，一个时代成了远去的背影。不过，历史之锚似乎并未消逝，与凝固的遗迹一起，继续讲述着从古至今不曾停息的"海丝梦"。

文如"泉"涌

或生于斯,或游于斯,或宦于斯,千百年来,无数人曾踏足这片土地。有的兴文办学,让文脉流转传承;有的跨水架桥,连接古今过往。这些遥远的、迷人的、亲切的故事,共同构成了泉州的绝代风华。历史与当下重叠,它又成了令人魂牵梦萦的城迹。

"满街都是圣人"

经济繁荣与文化发展总是亦步亦趋,相伴而生。宋代泉州海外贸易发达,其文化教育也迎来了鼎盛时期。彼时,官私之学并重,书院风行,从海滨到山乡,出现了"家诗书而户业学"的盛况。朱熹赞誉:"满街都是圣人。"① 的确,这里出过"一门四相曾半朝"的曾氏一族,也有状元宰相梁克家、三朝元老留正,还出过1400多位进士。

之所以人才济济,与泉州府文庙及其书院关系甚大。文庙不仅是祭祀孔子的场所,也是文化教育的殿堂。府文庙始建于唐开

---

① 陈燕玲:《闽南文化概要》,厦门大学出版社2013年版,第18页。

泉州府文庙大成殿

元末年，宋太平兴国初年移建于今址，目前较好地保存了宋代建筑风格，红瓦坡顶、龙脊燕尾、砖壁粉墙，是宋代中原文化与闽南建筑艺术的有机结合，建筑规模为东南七省之冠。文庙西庑设有"泉州历史名人纪念馆"，纪念近40位历代文化名人，宋代的有朱熹、王十朋、吕惠卿、蔡襄、曾公亮等。

如果说府文庙是古城千年文脉的承载地，书院便是泉州文风昌盛的主推力。南宋泉州创建的几所书院，几乎都与朱熹有着直接或间接的关联。他出生于南剑州尤溪（今三明市尤溪县），对闽地有乡梓情怀。在泉期间，他亲自创建九日山书院和小山丛竹书院，在石井书院和杨林书院讲学，使四方学士来访求教者络绎不绝，在杨子山上，他还留下了"活源""仙苑"等题刻。

值得一提的是，朱熹的父亲朱松对泉州的书院创建也贡献颇多，他在担任石井镇（今晋江市安海镇）首任镇监时，里人黄护仰慕其才学，在镇西鳌头境捐建一所镇廨，并于廨畔筑"鳌头精舍"，作为朱松讲学馆所，这也是泉州最早创建的具有授徒讲学功能的书院之一。

20年后,朱熹多次亲至安海,访察朱松的遗迹旧事,与父亲当年的友人论说经义,促使当地学风盛行,安海也因此有"二朱过化之地"的佳话。

最闽南的"灵魂"

依托于大海,藏身于市井,泉州拥有属于自己的历史、文化、语言、戏剧、饮食,于传统与包容间生发出独一无二的气质,可谓"半城烟火半城仙"。其影响也超脱古城本身,比如,泉州有一种小吃"咸饭",其食材就选用了著名的"占城稻米"。海上丝绸之路的兴起,除了让商品经济快速发展,也让一些原产外国的农作物走上了中国人的餐桌,占城稻就是其中的代表。它原产于占城国(今属越南),具有耐旱、适应性强、生长周期短等特点。在五代时,占城稻就传入中国,在北宋真宗时期被大量进口,由泉州到整个福建,再到广袤的南方地区,这种水稻的大面积种植,极大缓解了粮食短缺的问题,也让人口迅速增长。

五步一庙,遍地古迹,泉州最不缺的就是充满年代感的建筑群,古厝与洋楼共存,加上热气腾腾的人间烟火,随时可感受浓厚的闽南风情。

中山路是最具泉州气质的街区之一。相比千年古城,百年中山路还显得很年轻,但它是贯穿古城的经脉,后经扩建延伸,至今形成北到泉山门、南至德济门全长约2.5公里的街道。沿街廊柱式骑楼浓缩南洋建筑风格,既结合当地民居的传统特色,又融入异域建筑样式,是中西合璧的商业街建筑典范。

保护历史文化既是对过去的尊重,也是对未来的责任。在与时间的赛跑中,大到一扇屋顶,小到窗台的堆花,一代代泉州人都小心翼翼地呵护这些古朴的、天然的、鲜活的历史遗迹。在中

泉州朝天门

天下宋城　千年文脉溯源及嬗变

山路的修缮过程中，用海蛎壳、水洗石、石雕等十几种闽南古建筑传统工艺，保留了从唐宋到民国等时期的各个历史空间、建筑元素，努力恢复街巷最初的模样。

小巷小街里的每一处细节，都是这个古城的注脚。走进泉州，来一场"Citywalk"，细细品味她独特的味道，可以触摸到市井中留存着的最闽南的"灵魂"。

一步入宋洛阳桥

"站如东西塔，卧如洛阳桥。"这是泉州人耳熟能详的一句谚语，从中不难看出他们对于洛阳桥的喜爱。

洛阳桥又称万安桥，是中国第一座跨海梁式大石桥，也是泉州重要的文化符号。它加强了泉州至福州、江浙一带及内地的陆运联系，推动了口岸水陆转运系统的建立与完善，是泉州运输网络发展的里程碑。

为什么洛阳桥不在洛阳，而在泉州？主要有两种说法，一种是大批中原人在战乱时南迁，因思念故乡，观泉州山川地势颇似洛阳，于是就把定居地的江取名为"洛阳江"，江上的桥即洛阳桥。另一种是出海谋生的人在洛阳江渡口登船，因此将此地称"落洋"，后因谐音转化为"洛阳"。洛阳桥的建造者是北宋兴化军仙游县（今福建仙游）人蔡襄，他曾两度出知泉州，洛阳桥便是他第二次知泉州后修建的。他与母亲卢氏带头捐资，经过艰苦努力，历时6年多，终于建成。

洛阳桥在建桥技术上有许多重大突破，造桥中首创的筏形基础、种蛎固基等技术和浮运悬机架桥法，都体现了古人的聪明智慧，开创了我国桥梁建筑史上的新纪元。大桥落成后，蔡襄亲撰《万安桥记》勒石碑立于桥头，把参加建桥者的姓名刻于碑上，对于自己却未着太多笔墨。

100多年后,泉州知州王十朋在参观了蔡襄遗迹后,感叹不已,并赋诗云:

北望中原万里遥,南来喜见洛阳桥。

人行跨海金鳌背,亭压横空玉虹腰。

功不自成因砥柱,患宜预备有风潮。

蔡公力量真刚者,遗爱胜于郑国侨。

为政者的政绩和官声,最终要由百姓的口碑来评判。泉州人民没有忘记洛阳桥的建造者,《万安桥记》碑现存于桥南古街不远处的忠惠蔡公祠内,正门的楹联"架桥天地老,留笔鬼神惊",即是对蔡襄功绩的高度概括。

值得一提的是,除了精通笔墨、名垂书法史之外,蔡襄还是一位"安静的美男子"。他出知泉州时,曾在州治内建"安静堂",又因留有让人羡慕的大胡子,连宋仁宗都给予他"卿髯甚美长"的赞语。①

看不尽泉州府的大街小巷,读不完刺桐城的遗产文章,宋城的气韵以及铭刻的痕迹,把千年来"海风千里,花开满髻"的泉州故事深深融入人们的生活中。

---

① 参见李永祥:《野史趣闻》,山东教育出版社1992年版,第275页。

洛阳桥

莆田文献之邦沁宋韵

马远《雕台望云图》

蒲草之滨有大爱

莆田,历史上地处浅海和沼泽地带,因先民铲除蒲草、排水造田故得其名。史称兴化、兴安,又称莆阳、莆仙。自古就是闽中的政治、经济、文化中心,有"海滨邹鲁""文献名邦"美誉。

在这片东南沿海的边陲之地,流传着先民开辟家园、义士治水筑陂、妈祖舍身奉献的传奇故事,传颂着坚韧不拔、博爱包容、赤子情怀所辉映的人间大爱。

"人定胜天"的安家史

古人眼中的莆田,曾是一片"烟瘴疠疫之地"。所谓"瘴",是指南方山林中的湿热之气,寓意恶劣的自然环境。事实上,福建的简称"闽",相传也与自然环境有关。该地山林密布、蛇类众多,有族群还将蛇作为图腾,后人便把这里称作"闽"。

远古时期,闽地就有人类居住,现代史学家称其为古越族,因其有众多分支,故得名"百越"。周朝时,古越先民聚居形成七

莆田济川

大部落,史称"七闽"。战国时期,越国被楚国击败,不愿臣服的于越贵族和平民迁居于此。后来,于越首领无诸统一"七闽",建立了闽越国。

统一六国后,秦始皇又南征百越,击败闽越国,废去闽越王的王位,改用"君长"之名令无诸继续统治。后来,汉高祖刘邦复立他为闽越王,封管闽中故地。到了西汉元封元年(公元前110年),汉武帝刘彻灭闽越国,其所属百姓被迁移到其他地方,该地区正式被纳入中原王朝版图。

西晋永嘉年间,中原发生大规模战乱,士族向南迁徙,移民带来了先进生产技术和文化,逐渐与当地民族融合。关于莆田的置县时间,历史上有两种说法,一是在南朝陈光大二年(568年),

二是在隋开皇九年（589年）。不过，可以确定的是，其置县是经数次反复后，到唐代才稳定下来。

莆田的成长史，既是大历史观下的民族融合史，也是轰轰烈烈的自然改造史，呈现了一个从"人定胜天"到"天人和谐"的非凡曲线。其所在的兴化平原本是海域，海潮退后成为一片蒲草丛生的滩涂。唐神龙年间，迁入莆田的吴兴倾尽家产，带领百姓筑堤挡住海潮，并填海为田，同时修建延寿陂，灌溉农田400余顷，拉开了利用大溪流浇灌农田的序幕。

到了宋代，这里再次面临自然的考验：奔涌于兴化平原上的木兰溪，泛滥成灾，冲毁村庄农田。当地民众在一次次与它的较量中，开启了"兴化多士"的创业时代。

"驯服"木兰溪

木兰溪,是莆田境内第一大溪流。发源于戴云山脉,绕山冲谷,集合百余条大小溪涧,流经兴化平原,最终注入兴化湾。

"莆田莆田,只见蒲草不见田。"这句民谣形象地说明了此地之荒凉。《木兰陂志略》有述:"方春夏交,霪涝奔腾,则四郊皆泽国也。"① 变水害为水利,成为当地百姓的共同愿景。

第一次筑陂是在北宋治平元年(1064年)。年仅16岁的女子钱四娘亲眼目睹当地百姓饱受洪灾之苦后,倾其家资,在华亭西许村的将军岩前拦溪筑陂,并开渠南行,欲引水灌溉兴化平原田地。工程历经3年,但因溪面狭窄,低估了山洪的力量,陂建成不久就被暴涨的溪洪冲毁。

第二次筑陂是在熙宁元年(1068年)。受钱四娘精神感召,同乡林从世捐资10万缗继续筑陂。他吸取此前失败的教训,经过仔细勘察,确定以木兰溪下游的上杭温泉口(今城厢区霞林街道木兰村黄头)为陂址。然而,此处虽溪流缓慢,但太靠近兴化湾,工程即将完成时,被汹涌的海潮冲毁。

第三次筑陂是在熙宁八年(1075年)。正值王安石推行"农田水利法",全国各地兴起农田水利建设之热潮。侯官县人李宏携资7万缗来莆,他总结钱、林二次筑陂失败原因,细心勘定沿溪的地质和水情,最后选择两山夹峙、溪面宽阔的木兰山麓为陂址,并选用花岗石竖立溪中作为陂墩砥柱,再用糯米、红糖、沙土、贝壳灰等制成黏性很

钱四娘雕像

---
① 闵宗殿、纪曙春:《中国农业文明史话》,中国广播电视出版社1991年版,第126页。

木兰陂

强的砂浆,填充在花岗岩的缝隙之间。工程历经 8 年,终于让木兰陂屹立溪上。

自然灾害挑战着生命的韧性,也考验着人类的智慧。木兰陂建成后,一面拒海水于陂下,一面使溪海分流,发挥着"排、蓄、引、挡、灌"等水利综合功能,彻底改变了两岸"只生蒲草,不长禾苗"的状况。从此,担山牵海的木兰溪成了真正的母亲河,灌溉了两岸数万亩良田,养育了世世代代的莆田儿女。

妈祖文化发源地

"天下妈祖,祖在湄洲。"千百年来,"妈祖信俗"始终是莆田最具代表性的文化符号之一,影响持久而深远,被联合国教科文

湄洲岛妈祖庙

组织列入《人类非物质文化遗产代表作名录》，也是我国首个信俗类世界遗产。

  妈祖的事迹可追溯至北宋建隆元年（960年）。那一年，莆田湄洲岛林家诞生了一名女婴。自诞生至满月，她未曾啼泣，故名林默。在其出生后不久，就被父母带上船捕鱼。湄洲湾风高浪急，船只经常遇险，但林默所乘的船每次都能化险为夷。成年后，她在家乡传授医药知识，治病救人的同时，还经常救助遇险的渔民，因此被人们奉为"神女"。

  谁料想，美好的故事在雍熙四年（987年）秋发生转折。当地突降暴雨，海上船只遇险。林默得知后，奋不顾身去救险，但由于风浪太大，不幸被海浪卷去。当地民众不愿意接受这位英勇善良的年轻姑娘突然离世的事实，更愿意相信她乘神龙升天，于是在湄洲屿上修建庙宇祭祀，尊称她为"妈祖"。

妈祖"立德、行善、大爱"的精神被世代推崇,从宋徽宗赐"顺济庙额"起,历朝皇帝共褒封妈祖36次,封号由"夫人""妃""天妃""天后"直至"天上圣母",她也逐渐被视为护佑船只航行平安的海上"女神"。①

妈祖文化之所以盛行,宋代繁荣的海上贸易是一个重要原因。变幻无常的天气,未知的海域,让航行险象环生。人们把对美好生活的期待寄托于妈祖,祈求每次出海都能平安归来。明代航海家郑和也敬奉妈祖,相传其船队在迷航时,湄洲岛妈祖庙的灯光为他指明了航向。

文化和精神的力量,可以穿越时空。千百年来,不知多少桨声橹影,把这象征勇敢无畏、博爱包容的信俗带向遥远的海洋。时至今日,世界各地的妈祖庙已达上万座,以妈祖信俗为主线,以妈祖宫庙、祭祀、文艺作品等为载体,逐渐形成了繁盛的妈祖文化,成为中华民族连通世界的重要文化纽带之一。

---

① 蒋维锬、朱合浦:《湄洲妈祖志》,方志出版社2011年版,第206-216页。

兴化府的"文"与"武"

兴化之名，由宋太宗所赐，寓意"兴天子之德，以化民众"。兴化也是一座"文武双全"的古城，古老的书院、城垣、街巷，无不记录着郁郁其文、桓桓其武的故事，也传颂着莆田儿女的勤劳和智慧、气节与风骨。

"状元之乡"盛名扬

起源于隋唐时期的科举制，意为"分科举人"，即"分科目考试选举人才"，并对其授予官职，是封建王朝选拔人才的重要途径，被称为古代中国的"第五大发明"。

宋代在中国科举史上有十分重要的地位，在延续和完善前朝科举制的基础上，确定了"殿试"制度，由皇帝亲自出题并主持考试，使分级考试逐层选拔臻于完备，不但被同时代的辽、金所仿效，而且为后来的元、明、清所沿袭。

莆田一直有"状元之乡"的美誉，在宋代科举史上更是留下

兴化府历史文化街区

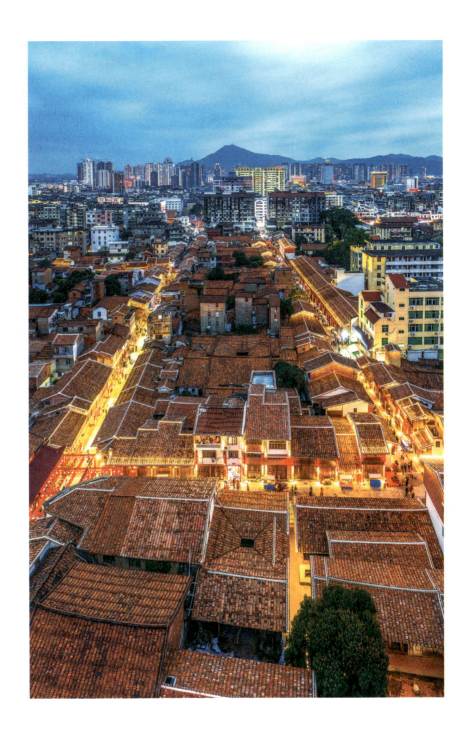

莆田　文献之邦沁宋韵

宋代史学家郑樵纪念馆（夹漈草堂）

了浓墨重彩的一笔。特别是北宋熙宁九年（1076年），莆田人徐铎高中文状元，而同乡薛奕摘得武状元，一个地方同时出现两个状元，累世罕见。宋神宗闻讯后十分高兴，专门赐诗叹曰："一方文武魁天下，万里英雄入彀中。"在南宋绍兴八年（1138年）的一场科举中，四个莆田人亦同时考中，被称为"四异同科"，其中黄公度取得状元，陈俊卿中为榜眼，留下"魁亚双标"的美谈。

事实上，莆田在科举上的成绩，远不止于此。《宋史》将"登科第者尤多"[1]，列为古代福建重要特点。另据《兴化府志》所载，莆田历年共出进士近1800人。其间，还涌现出一批名垂青史的人物，如北宋名臣蔡襄，爱国宰相叶颙、陈俊卿，民族英雄陈文龙，词人刘克庄，理学家林光朝等。

莆田何以科甲鼎盛、俊秀如林？一方面，要归功于其悠久的办学传统。南朝梁陈时期，郑露、郑庄、郑淑三兄弟从永泰迁徙到凤凰山麓，建起莆田历史上第一家书堂"湖山书堂"，教读子弟、传授文化，为后来"十室九书堂，龙门半天下"人文荟萃局面打下了基础。到了唐代，莆田书院文化渐盛，名士翁承赞写诗

---

[1] 《宋史·地理志》，中华书局2011年版，第2210页。

称赞道:"过客不须频问姓,读书声里是吾家。"而在宋代,莆田先后建立了会元书院、大飞书院、考亭书院、双林书院、水南书院、闽阳书院等,形成了较为完善的地方教育体系。

另一方面,教育的发达与当地经济繁荣、人民生活稳定有直接关系。木兰陂建成后,兴化平原耕地面积大幅增加。据记载,"陂成溉南洋田万余顷,岁输军储三万七千斛。"[1]其后,莆田地区又改进农作技术,种植双季稻,后又引进"占城稻"成为重要的国家"粮仓"。"仓廪实则知礼节","富起来"的莆田人对文教事业格外重视,读得起书的人多了,人才成长的沃土也慢慢厚植,并形成以科举文化为核心的耕读文化。正是这种文化基因,决定了莆田人不管在任何时候,都能够以深入骨髓的文化自信,步履铿锵地踏上创造新辉煌之路。

古谯楼上的胆气

谯,本同"瞧"字,意为瞭望。谯楼,顾名思义,是城门之上所筑的瞭望楼。在莆田,也有一座古谯楼,不仅是地标建筑,也是兴化府的象征。

古谯楼始建于北宋太平兴国八年(983年)。在此之前,仙游游洋农民林居裔发动起义,袭破莆田、仙游县城,兵锋直指泉州。宋太宗派大军镇压,此后在游洋设"兴化县",取"兴德化民"之义,并将兴化军治所从游洋迁至莆田,建立兴化军城。州府的官署衙门设于子城内,古谯楼便是子城城门和城楼。起初,城墙为土制,到了北宋宣和年间,重新修筑城垣、城堞、城楼,变为砖城,并设有望海、肃清、望仙、望京、宁真五座城门。

古谯楼至今保持宋代城阙形制,共有三层,为木构建筑,长约50米,高约25米,底层为石砌基台,东西端突出呈"凹"字

---

[1] 谢如明:《莆田发展简史》,厦门大学出版社2008年版,第42页。

形，中开门洞，即"谯门"，门上嵌"古谯楼"石额。二层楼阁为木质结构，面阔七间，进深五间；三层设有回廊，置砖石花式围栏；二三层共有100根木柱，屋顶为斗拱宏大的重檐歇山顶。南宋绍兴年间，古谯楼失火，烧毁了木柱与屋架，兴化军知军刘登重建，并在楼上放置更鼓刻漏，所以古谯楼也成了"鼓楼"。此后，古谯楼又在明清两代数次修缮，现存建筑为清康熙年间重建，是福建境内仅存的鼓楼，也是国内现存最完整的鼓楼之一。

古谯楼和城防体系捍卫着兴化的安宁，也镌刻下气壮山河、不屈不挠的英雄气节。南宋末年，元军攻陷莆田。当地义士陈瓒变卖家财充当军饷，招募义军，收复莆田。然而好景不长，元军再次破城，他率领家僮、壮丁500多人，与敌人展开巷战，因寡不敌众被俘。面对元将劝降，他大义凛然、严词拒绝，最终于城楼上殉国。

这段悲壮的故事，给"文献名邦"莆田，留下了以"武德"著称的文脉：相传陈瓒收复兴化后，南宋朝廷授予他"通判权守兴化"的官职，但因战事胶着，无法及时收到官服，他就把象征身份的"金花"插于头上，红布缠在手臂上，继续带领义军坚守城池。而头戴金花、臂缠红布的装束也成为莆田地区庆贺"福首"的习俗，流传至今。在义军将士与元军的激烈战斗中，双方血溅窗棂，今城中古巷"红窗巷"也因此得名。陈瓒的忠义精神感动着代代百姓，此后，明太祖朱元璋将他封为兴化府城隍，并在兴化府中建了一座占地24亩的城隍庙，这也是莆田五大宫庙之一。

气节，即志气与节操，体现在打不倒、压不垮的风骨，也体现在不畏险、不屈服的胆魄。莆田的气节，正如岿然屹立的古谯楼，一次次涅槃重生，见证无数幕人间悲欢，又在活化利用后，变身为集阅读、书籍流通、文娱休闲于一体的"莆阳书房"，继续弘扬千年兴化文脉，也成为无数莆田人魂牵梦绕的乡关。

古谯楼

江南古建之花

古建筑是时间的记录者，一砖一瓦都承载了历史的分量。在莆田市内的兼济河畔，有一座道观，名曰"元妙观"，其主殿三清殿被誉为"江南古建之花"。

元妙观始建于唐贞观二年（628年），宋大中祥符年间重建，元代更名"玄妙观"，清康熙皇帝即位后，又因避其"玄烨"名讳更名"元妙观"，沿用至今。它是福建省现存规模最大、保存最为完好的宋代道教建筑典范之一，不仅承载着丰富的历史文化底蕴，还展现了古代建筑工匠的精湛技艺。

道教建筑是我国古建筑体系中的一个特色门类。其称谓不一，如宫、观、庙、庵、祠等，常由神殿、膳堂、宿舍、园林四部分组成。总体布局多采取中国传统院落式，即以木构架为主要结构，以"间"为单位构成单座建筑，再组成庭院，进而组成各种形式的建筑群。还将壁画、雕塑、书画、联额、题词、诗文、碑刻等多种艺术形式与建筑物有机融合，具有极高的文化价值。

作为一座典型的道教建筑，元妙观保留有三清殿、山门、东

三清殿

岳殿、五帝庙、西岳殿、五显庙、文昌祠等，保存的"神霄玉清万寿宫诏碑"为宋徽宗赵佶御书，被书法家视为"瘦金体"代表作。相传，他书写完后，下令京师神霄宫刻碑永记，并以刻碑拓样颁赐天下摹勒立碑，但尚未来得及完成，金兵已南下，只能留下遗憾。目前，该碑仅存两尊，另一尊在海口五公祠。

宋代道教文化繁盛，北宋真宗时期曾举行盛大的"迎天书"活动，宋徽宗也自称"教主道君皇帝"，建立迎接天神的"迎真馆"，并掀起了兴建道观的热潮。在建筑风格上，宋代建筑也区别于唐代的雄浑华贵，更加偏重精巧秀丽。特别是这一时期的木构建筑，广泛应用斗拱和抬梁式结构，塑造较宽敞的室内空间，也让外观磅礴大气。而受五代时期建筑风格影响，宋代建筑也常常使用又称"九脊顶"的歇山顶，即用一条正脊、四条垂脊和四条戗脊组成的建筑屋顶样式，巍峨大气与灵动飘逸并存。

三清殿正是我国南方宋代木结构建筑代表。大殿由20根石柱承托抬梁式木构架，八架椽前后乳栿用四柱的做法，是宋代《营

三清殿斗拱

造法式》中所记载的工艺，可称为"教科书式的建筑"。其重檐歇山顶设计承袭了宋代建筑的古朴韵味，历经千年风霜，依然保持着宋代原构的风貌。殿内，井字形主体梁架错综复杂，刚柔并济的连接方式不仅彰显了工匠的智慧，更赋予了它超常的抗震性能，使其在时间的洪流中屹立不倒。

  大殿每一处细节都透露出匠人的精湛技艺与对美的极致追求。隔扇门上，蝙蝠、莲花、牡丹、麒麟、鲤鱼等吉祥图案栩栩如生，与道教相关的雕绘更是引人入胜，一梁一柱之间，无不散发着古典与精致的韵味。

  在道文化中，"道"是核心，也是美之本源。美之为美，在于蕴于道中，正如老子言道，便以玄妙寓之，认为"道可道，非常道……玄之又玄，众妙之门。"正如元妙观，妙在与自然、人文、科学的有机结合，使之形体坚固、雕绘精妙，又使其整体与局部、建筑与周边景观实现"大美融会、现形于毫端"，让人们在欣赏时，不仅感受美，也领略"道"。

九江
九派浔阳郡

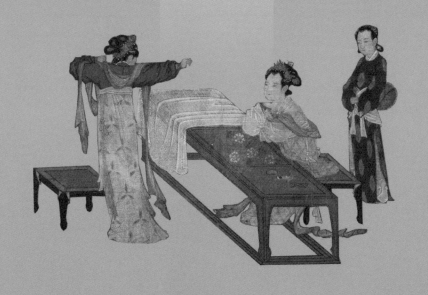

赵芾《江山万里图》

"吴头楚尾"的胸怀

公元前223年，秦始皇始设"九江郡"。西汉时，九江始建县，称"柴桑"，即现在的九江城。因其由车骑大将军灌婴所筑，亦称"灌婴城"，至今已有2200余年建城史。

在中国传统文化概念里，"九"是"阳数之极"，"江"是大河。九江，意谓"众水汇集"。当然，九江绝不只是水的"独唱"，而是自然与历史的交响，以旖旎风光、昌隆文化为旋律，奏响在九派大地的昨日与今朝。

文明自由生长的土壤

九江实指九条江河及水系。在《尚书·禹贡》中，有"过九江，至于东陵"的说法，[1] 而九条江分别为纵穿江西省的赣江（赣水）、赣江支流蜀水（锦江），以及上饶江（余水）、淦水、抚河（盱水）、南水（袁水）、彭水（信丰江）、修河（修水）和鄱水（鄱阳湖）。据应劭《汉书·地理志》注："江自庐江寻阳分为九"，[2]

---

[1] 《尚书》，中华书局2009年版，第71页。
[2] 班固：《汉书》卷二十八（地理志），中华书局1987年版，第1569页。

长江岸边的浔阳楼和锁江楼

因而得名九江。

  九江文化的特色之一就是多元——既有本地的、传统的文化基因，又融入不同地域的外来文化。多种文化在此交融共生，为其发展注入了不竭的活力和动力。从大地域角度看，九江文化的一个重要组成部分是长江文化，而米市的发展，又让其向更高维度延伸。早在唐代，港口码头随漕运而兴，九江就成为了长江中游物资集散的商埠，大量产自南方的粮食，经此转运京城。到了宋代，日益发达的漕运系统和相对宽松的营商环境，让更多漕粮经九江转运，从而助推了米市繁荣。古老民谣中"长江流域鱼米乡，鄱湖平原大粮仓，腹地深远赣鄂皖，米号兴隆数九江"，生动记录了农业与商业有机融合并蓬勃发展的历程。农商文化的出现，既是社会进步的重要标志，也是九江文化先进性的本质所在。

李志敏狂草《望庐山瀑布》

就精神文化而言，九江地处"吴头楚尾"，古吴越文化与古荆楚文化交汇于此，又是"永嘉之乱""安史之乱""靖康之变"后三次人口向南方大迁移的枢纽。来自不同地区的人口带来了各自的文化，富庶安定的九江也以开放的姿态、虚心的态度，学习吸纳各地文化精华，让扎根的"异乡客"在这片山清水秀、物资丰隆的土地上，开垦出文学、思想、教育自由生长的土壤——田园诗发祥地、山水诗发源地、山水画成长地，书院、理学、石刻，直到把九江变成故乡。

"山中字帖"炼成记

如果把九江视为一本厚厚的书，庐山就如这本书的扉页。这里，李白留下了"飞流直下三千尺，疑是银河落九天"的千古绝句，张九龄感叹"灵山多秀色，空水共氤氲"，白居易写下了传世长诗《琵琶行》……传承庐山诗意的除了这些璀璨辞章，还有被誉为"山中字帖"的摩崖石刻。

相传庐山摩崖石刻起源于大禹治水时，《图经》载：紫霄峰有石室，昔大禹治水时，常登此紫霄，以眺六合，望水湍，因刻石于石室中。《庐山志》也有对大禹治水时留下"洪荒漾"等石刻记述。远期诸多石刻，由于岁月磨洗已不可考，流传下来的，也大多

米芾《蜀素帖》

并非直接在石上刻字,而是先用笔墨写在石上,再把字形刻下。摩崖石刻主要集中在东林寺、九十九盘、黄龙寺、五老峰、归宗寺等地,而石刻主人中最有名者,当属米芾。

米芾,字元章,湖北襄阳人,人称"米襄阳"。曾先后任书画学博士、礼部员外郎等职。在书画艺术鼎盛的北宋,他的书法风格独特,自成一体,被后人誉为"宋四家"之一。米芾擅长行书、草书,也长于"刷大字"——用笔如刷,极尽字势,或偃仰、向背,或转折、顿挫,有"风樯阵马,沉着痛快"之评,写到得意

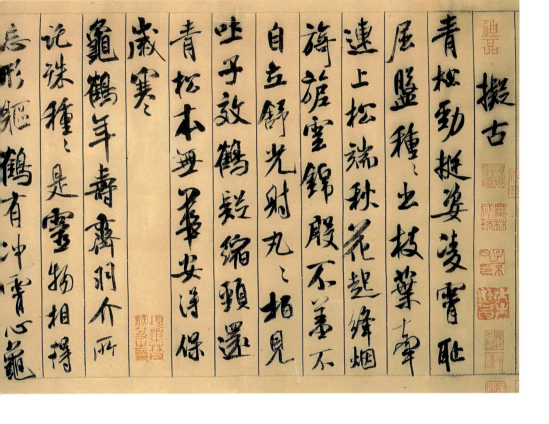

时,甚至呈"癫狂"状,故别号"米癫"。天才与疯子往往只是一线之隔。米芾不被世俗眼光所束缚,以"癫"拓展人生与艺术空间的自由度,充分地表达自我、展示本真。从艺术角度看,米芾之"癫"是中国书法的幸事。

但他也是备受争议的书家,有时甚至是"语不惊人死不休",在其书论《海岳名言》中曰:"石刻(碑)不可学",意思是墨迹一经刻石就要失真,故而"必须真迹观之,乃得趣"[①];在另一名作《论草书帖》中云:"草书若不入晋人格,辄徒成下品。"[②] 这些

---

① 刘小晴:《中国书学技法评注》,上海书画出版社2002年版,第347页。
② 水赉佑:《米芾书法史料集》,上海书画出版社2009年版,第133页。

观点不仅"得罪"了同时代的黄庭坚等书家,也引发了千年书法史中的几个争议话题,即"学什么,帖或碑""向谁学,晋人或他人"。毕生倡导引碑入草的李志敏在《草论——三春堂狂草》中就直言:"此乃割地为牢,自欺欺人。元章草书之所以未见新意,正在不能突破古人藩篱也"。①

庐山石刻

在游览庐山时,米芾在龙潭南侧巨大石壁上,书写"第一山"三个大字,用笔豪迈,遒劲壮观,特别是"一"字奋力一挥,尽显"癫狂"姿态。据《庐山志》载,龙潭石壁上的摩崖大字"青玉峡",也是米芾题写。

事实上,"第一山"并非庐山专属,在全国各地20多座山中都有米芾"第一山"刻字,或是碑刻,又或镶刻在山崖石壁上,且经字形辨认,皆是米芾笔迹。或许,他在饱览名山大川奇绝风光时真情流露,无论哪座山,都被视作"第一山";抑或鉴于其书法盛名,让各地出现争摹"第一山"现象。不过,"摹"并非仿造,而是"集字",即收集他书法作品中"第一山"三字后拼接而成。正如传说其书法《望庐山瀑布》一诗中,"下"字神韵,还原了李白眼中瀑布飞流而下的场面,其实,这也是后人集字所成的。史实遥远,众说纷纭,但他游庐山秀峰是真,观庐山瀑布是真,笔锋中自有庐山韵。

除了米芾,"山中字帖"也被许多文人雅士"打卡":宋代南康军知军李亦曾在龙潭水旁石壁上题写高达丈余的篆体"龙"字,

---

① 李志敏:《草论——三春堂狂草》,北京大学出版社2014年版,第15页。

成为庐山石刻中最大的字,"龙潭"也由此得名。每到雨季,倾泻而下的山洪漫过"篆龙",有诗赞叹该画面为"山瀑两道泻""飞出双白龙"。另一位南康知军朱端章也在秀峰刻写"庐山"二字,"山"字的每个竖笔中,均可容一人卧睡,恰是"身在此山中"。

一切景语皆心语。藏于庐山峰群的上千石刻,抒发了世俗形骸下的不羁、"君子之德"的含蓄、怀古通今的雅趣,也成就了后世仰慕的"翰墨名山"。如今,站在这些被古人刻活的石头面前,仿佛穿越时空隧道,进行着一场无声的对话,感受那份跨越千年的文化震撼和心灵触动。

宋代的"高等学府"

书院,中国古代民间教育机构,是古人交流思想、传授知识的重要场所。它的出现,标志着中国古代教育由官办逐步走入民间。作为官学教育的有益补充,其不仅仅是为了科举应试,也注重德业双修,是古代素质教育的生动实例。而不同学派学者的议政说理、论辩驳难,也使其成为学术争鸣、观点交流的场所。

庐山脚下的白鹿洞书院,是宋代的四大书院之一。自唐代开始,这里就成为了讲学研修场所,历经宋、元、明、清等朝代,始终保持着"书院"的办学传统,朱熹、陆九渊、周敦颐、王阳明都曾在此讲学,因此,这里也被誉为"海内书院第一""天下书院之首"。

相传,白鹿洞书院的名字来源和唐朝大臣李渤有关。李渤与其兄李涉在庐山五老峰南麓下隐居读书,他养了一头白鹿,白鹿通人性,常随人出入,人称"神鹿",李渤也被称为"白鹿先生"。实际上"白鹿洞"并没有洞,只是因为"白鹿先生"名号,加上四面环山,地势低洼,从山上俯视似洞,才称之为"白鹿洞"。

白鹿洞书院

　　在白鹿洞书院讲学的大儒中，朱熹既是书院"再造"者，也是书院文化推广者。南宋初年，书院毁于战火。朱熹知南康军后重建书院，并留下"重营旧馆喜初成，要共群贤听鹿鸣"的诗句。

　　理学，是当时书院教育的重要内容。作为理学的集大成者，朱熹继承了北宋周敦颐和程颐、程颢的理学衣钵，倡导以"格物致知"为基础，以"慎思明辨，格物致知"为规范，以"修身、齐家、治国、平天下"为目标，试图纠正当时官学与科举中存在的追名逐利之风。后世所熟知的"博学之，审问之，慎思之，明辨之，笃行之""己所不欲，勿施于人；行有不得，反求诸己"等箴言名句，皆在朱熹制定的《白鹿洞书院揭示》中有所体现。这些理念，成为宋代及以后我国古代书院教育的基本规范，也影响了后世儒学思想发展。然而，虽然朱熹儒学思想内涵丰富，但也有颇多争议，特别是其"存天理，灭人欲"的主张，受到"禁锢人的自由"之诟病。其实，他的观点是，应以人性中的天理来约束自然欲望。什么是天理？朱熹解释说："饮食，天理也；山珍海味，人欲也。夫妻，天理也；三妻四妾，人欲也。"从中可以看出，人伦道德与自然规律，是天理；追求奢侈享乐，甚至违背人伦道德，是人欲。因此，"灭"既可被视为"去除"，也可被视为"限制"。但也有后世理学家主张以"天理"名义将正常的"七情六欲"全部灭掉，这显然是违反"天理"的。

今天的白鹿洞书院，古树参天，溪水潺潺。五进院落中，屋宇廊阁在院落两侧排开，以墙相隔，以门洞相连，静谧中仿佛"群贤听鹿鸣"场面还在眼前。"雅歌有余韵，绝学何能忘"，朱熹昔日以诗明志时，或许未曾想到，千年学府与"白鹿学风"，不仅影响了古时的思想大家，至今仍启迪着人们在追求"知"与"理"的道路上不断前行。

天理与大义的交响

"理",是一个从先秦时代就出现的哲学范畴,古人用来指事物的运行规则和本质,而天理即正确的、客观的法则,是万物运行之道。儒家认为,"吾道一以贯之",而其内核,在"春秋大义"——源于本心、贯彻意志、追求天下人所共识。山高水长的九江,见证了古人对天理的求索,也铭记了对大义的遵循。

莲之风骨

宋代理学的鼻祖,当属周敦颐。周敦颐号濂溪,是宋代著名教育家、文学家、哲学家,被儒家学派视为继孔子、孟子后薪火相传的重要人物,曾赴九江任南康知军。脍炙人口的《爱莲说》,就是他的代表作之一。

《爱莲说》借用了超凡脱俗的"莲花"意象,表达儒家理想的君子人格与境界。在这篇传世散文中,菊花、牡丹、莲花象征三种处世态度——牡丹,趋炎附势、追求富贵;菊花,不染俗世、追求高洁；莲花，出于淤泥，却不受污染，虽在世中，却独善其身，是"君子品性"的代表。从周敦颐的整体理学观出发，并结合其著作《太极图说》，可以领悟，正是小小一朵莲花，投射了"宇宙运行"的真谛。

《太极图说》是周敦颐的哲学理论创新，主要蕴含了三大论点。其一是宇宙论，即宇宙演化过程可归纳为无极生太极、太极生阴阳、阴阳生五行、五行动而万物化生。"无极—太极—阴阳—五行—万物"也是他心中的宇宙起源。

其二是动静论，即"阳"为"动"，"阴"为"静"，二者相互对立，又相互依存，同时相互转化，使静中有动，动中有静，是万物生生不息、变化无穷的基本规律。以现代角度看，这也是辩证思维的体现。

其三是人生论，即认为人是天地万物的一分子，禀阴阳五行之灵秀而成，具有思维能力，更有万物不备的善恶观，这也是"天人一体"观。人生有动有静，但人性本静，"动"则是源于人与外界接触产生的七情六欲，因此，"中正仁义"是静的体现，也是人应该追求的道德品性，更是立于"人极"的标志。立于"人极"，需要以"主静无欲"的方法修养，才能获得自我生命原发产生的充实和快乐，这既是对生命本质的彻悟，也为后来"天理人欲"之辩提供了理论基础。

从宇宙、动静、人生三论中回看《爱莲说》，人世即为宇宙，牡丹为动，菊花为静，而莲花在"动"中取"静"，不刻意回避，只独善其身，追求"中正仁义"的大道之乐，成为超凡脱俗的"花中君子"与"人极"，世间三花并存，也相互影响，以动衬静，以静寓动，以"大道"载动静，如同"量子纠缠"。动为生命之河，不息奔腾；静为心灵之渊，深邃宁和。两者共生共舞，方显宇宙之真谛。

在周敦颐奠定理学基础后，北宋理学家张载进一步探索宇宙与人性的关系，提出了"太虚无形，气之本体"的气一元论，并演变为探究人的本质、本性、使命、价值、理想、人生终极意义的心性论，这些都被后来的理学家接受，同时，他提出的"为天地立心，为生民立命，为往圣继绝学，为万世开太平"的"横渠四句"，则成为理学心性论的经典口号和古代读书人的使命所在。

酷爱美景和莲花的周敦颐在晚年定居庐山山麓，堂前有溪，发源于莲花峰下，以其故乡溪水"濂溪"命名，并自号"濂溪先生"，将住所命名"濂溪书堂"，也是其后绵延800余年的濂溪书院发端。南宋理学家朱熹多次来到濂溪书院，感怀先师，抒发了"我率诸生拜祠下，要令今古播清芬"的壮志。

南宋淳熙六年（1179年），南康知军继任者朱熹重修爱莲池，将《爱莲说》刻于石上，立在池边。他继承并进一步发扬了周敦颐的理学思想，形成了高雅、周密又实用的理论体系。南宋以后，理学传入北方，进入元朝宫廷，让这一中华古典哲学在宋元更替中保持了完整性，并被后世所不断理解、挖掘、应用。

纵观理学发展的脉络，其核心依然是儒家思想核心"内圣外王"，即通过格物致知、正意诚心，成为道德上的"圣人"，继而是"齐家、治国、平天下"。这一思想的局限性，正在于"圣王合一"，将社会发展寄托于"大圣人"，虽探求人性与天理相通，但始终未能突破儒家思想的高墙，达到真正的思想解放，也让繁盛的理学无法从根本上改变传统文化模式，使"富宋"只有经济上量的积累，没有形成质的突破，从而无法扭转"积弱"之势。

慷慨英雄曲

南宋绍兴十年（1140年），退居九江的岳飞在写给江州东林寺好友慧海法师的诗《寄浮图慧海》中，抒发对收复旧山河的壮志豪情，也倾诉了雄心不遂的无奈：

湓浦庐山几度秋，长江万折向东流。

男儿立志扶王室，圣主专师灭虏酋。

功业要刊燕石上，归休终伴赤松游。

丁宁寄语东林老，莲社从今着力修。

一生戎马倥偬的岳飞，与九江有着不解之缘——绍兴元年（1131年）三月，岳飞率军收复九江，并于次年六月，奉诏屯兵于此。此后近10年，这里成为岳飞主要驻地，他依托此地开始了"收拾旧山河"——进行了4次北伐。第一次是绍兴四年（1134年），攻至河南信阳一带，收复鄂州、襄阳等地，形成了以襄阳

为前沿阵地、鄂州为驻军基地、九江为大后方的战略纵深。第二次是绍兴六年（1136年）秋，收复商州。这是南宋军队第一次主动和金军主力直接交锋，进一步扩大了胜利果实，也激励了全国军民收复故土的信心。第三次发生在1136年冬，岳飞仅带2万士兵，在河南重镇蔡州城下大败敌军。第四次是绍兴十年（1140年），大规模出击，陆续攻占蔡州、颍昌、郑州、洛阳，已完全形成对东京城包围之势。然而，就在岳飞一路高歌猛进、即将取

庐山五老峰

得全面胜利时,南宋朝廷连续下令,要求撤军,他不得已返回九江。

不能忘记的是,岳飞身后还站立着一位英雄母亲。传说,岳母在岳飞背上刺下"尽忠报国"四字,敦促他从军,并在南征北伐中打出赫赫威名。绍兴六年(1136年),岳母在鄂州军中病逝,岳飞在奏请朝廷同意后,将其母安葬于庐山株岭东北端。落叶归根是中国人的传统习俗,母亲安葬之所,自然是岳飞要考虑的大事，然而，故乡汤阴县已成金辖区，这也恰如他的感慨："敌未灭，何以家为？"

《宋史》记载，岳飞曾在平定叛乱后上书皇帝，再三请求"诛首恶而赦胁从"；[①] 在征战襄阳途中，看到百姓疾苦，多次上奏朝廷，请求酌量贷给百姓官钱，并以招募流亡百姓数量作为考核州县官员政绩标准之一。

在治军方面，他以仁为先，以严为本，宽猛相济，恩威并用。他曾这样阐述自己的治军思想："用兵者无他，仁、信、智、勇、严五事，不可不用也。有功者重赏，无功者重罚，行令严者是也。"国富不等于国强，强军是强国的重要战略支撑，而纪律是军队战斗力的测量器，北宋末年武备废弛，部队虽规模庞大但纪律涣散，这是遇到纪律严明的金军而一触即溃的重要原因之一。岳家军之所以常战常胜，依靠的也是如铁的纪律，以至于让其对手感叹"撼山易，撼岳家军难。""仁、信、智、勇、严"，是治军之道，也是为臣之道——不讲所谓"政治智慧"的"进退有度"，只求一片将国家与万民兴亡视为己任，以及成就明君、强盛国家、造福万民的赤诚丹心，即为"义"，正如其名言"文臣不爱钱，武臣不惜死，天下太平矣"。

绍兴十一年（1141年）九月，在九江闲居、已萌生退意的岳飞再次接到诏令，命他返回临安。这位身经百战的将军或又重新燃起斗志，即刻动身，最后一次回望给予他温存的九江，浔阳楼凌空突兀，点将台烟水苍茫。

自古以来，人们在肯定岳飞功绩的同时，也对其为人性格有两种评价。一种认为，尽忠报国，是耿直、纯粹的岳飞穷尽一生所不懈追求的，最终他也践行了这一理想，是名副其实的民族英雄。另一种看来，岳飞虽是卓越的军事家，却不是老道的政治家，以至于功高盖主，特别是将迎回被金人掳去的徽钦二帝当作北伐

[①] 《宋史·岳飞传》，中华书局2011年版，第11381页。

岳飞手迹"还我河山"

的一个目的,可如二圣归朝,新帝又将如何自处?不能不引起猜忌。忠诚正直曾一度使他成为宋高宗倚仗的将领之一,但后来执意北伐却将这一切归零。其悲剧命运的困境在于,君臣相疑本就是封建专制难逃的宿命,当雄心与野心难以区分,便只剩下最后一个选项:宁可错杀,也不枉纵。

何为"仁"?"志士仁人,无求生以害仁,有杀身以成仁"——这是孔子心中的"仁";"老吾老,以及人之老;幼吾幼,以及人之幼"——这是孟子心中的"仁"。何为"义"?"君子义以为上,君子有勇而无义为乱,小人有勇而无义为盗"——这是孔子心中的"义"[1];"二者不可兼得,舍生而取义者也"——这是孟子心中的"义"[2]。仁与义如车之两轮、鸟之两翼,不可分割,共同构成了中国古代英雄人物的崇高品德,也蕴含着中华民族深厚的家国情怀。

---

[1] 《论语》,山西古籍出版社1999年版,第170、198页。
[2] 《孟子》,山西古籍出版社1999年版,第13、176页。

九江　九派浔阳郡

吉安
春风化雨沐庐陵

宋代佚名《寒林楼观图》

"琅琅"声自远

吉安,古称庐陵、吉州。元皇庆元年(1312年)合吉水、安福首字称吉安,取古吉语"吉泰民安"之意,代表了最朴实、最美好的祝福。恰如其寓意,吉安人杰地灵,文风鼎盛,素有"金庐陵"之称。感叹这里的秀丽风景,宋代诗人杨万里写下了"山川第一江西景,风月无边相国园"的千古名句。

说着吉语,走进吉安,就像翻开了一本鲜活的浩瀚史书,那些时光见证的传奇,就印在河畔,烙在城间,藏在巍巍书院深处,留下一片弦诵不绝的文脉绵长。在这里,每一个足迹都能触动历史的回响,让人沉醉于古今交融的文化盛宴之中。

乱世中的"世外桃源"

在宋代读书人眼中,吉安称得上是一片钟灵毓秀的文化厚土,而成就它的秘密,则藏在山水之间。

当北方大地饱受战火侵袭时,三面高山环绕的吉安,北有赣

吉安庐陵文化生态园

江天堑，地形易守难攻。从西晋到隋唐，在造成整个社会动荡的永嘉之乱、安史之乱以及五代十国乱世中，大批北方的难民辗转奔波，终于在吉安找到了安定与希望。

除了远离战火，拥有肥沃的土地也是人们南迁于此的原因之一。吉安地处赣江及其支流冲积而成的吉泰平原，地势平坦、气候温暖、雨水充沛，为农业耕种创造了良好条件。林茂粮丰的吉安孕育着不断增长的人口，而人口迁徙又带来劳动力和新技术，促进了土地开垦，也推动了手工业、商业发展。北宋曾安止所撰《禾谱》记载，吉泰平原"自邑以及郊，自郊以及野，峻岩重谷，昔人足迹所未尝至者，今皆为膏腴之壤"，描述了这里的农业辉煌。①

水运，为吉安开辟了"新赛道"。在运输体系不发达的古代，水运线构成了最经济、最快捷的运输网。早在西汉，汉武帝平定南越吕嘉叛乱，就借助了赣江水运之便。到了隋朝，开凿疏浚通

---

① 廖燕彬：《陂域型水利社会研究》，商务印书馆2017年版，第35页。

济渠、邗沟、永济渠和江南运河,串联起华北、中原、江淮和江南,使赣江接入了大运河系统。在这条沟通南北的"生命线"中,客商往返、商品集散,逐渐产生庞大的服务需求。到了漕运业高度发达的宋代,又催生出一批区别于传统军镇和行政性城市的漕运城市,形成了工商业中心和区域市场。

彼时,吉安城向北可顺赣江、长江、大运河抵达中原地区,向南可沿赣江过大庾岭至岭南,作为"黄金水道"要冲,这里背靠产粮区、拥有大批手工业工匠,也形成了发达的造船业。南国的粮食、茶叶、瓷器经此运向远方,人口、财富和不同文化从远方流入此地,拥有"粮产基地""漕运中枢""造船工坊"等多张金字招牌的吉安逐渐成为江南最富庶的地区之一,留下"半苏州"的美誉,也为文教昌盛打下了坚实的物质基础。

文章锦绣之沃土

经济兴则文化兴,吉安的历史演进再次印证了这一内在规律,而书院鼎盛则是鲜活的例证,也成为这里的一张靓丽"名片"。

中国最早的书院起源于唐代。这一时期的书院只是官方藏书、校书机构。到了唐末,一些文人开始在书院中讲学,使之具有传播知识的功能。五代十国时期,中原再一次陷入动荡,而控制江西的南唐政局稳定、科举不断,吸引了大量北方学子。正如马令《南唐书》所载:"五代之乱也,礼乐崩坏,文献俱亡,而儒衣书服盛于南唐。"[1] 随着文人学子的到来,书院也得到蓬勃发展,并在宋代形成较为成熟的教育体系。

提到书院发展,欧阳修是一个绕不开的名字。由于宋代吉安称庐陵,身为吉安人的他常以"庐陵欧阳修"自居。他继承韩愈的古文理论,领导北宋诗文革新运动,改变五代以来的绮靡文风,更加注重思想内容,拓展"文以载道"的境界,并开创了疑古和以己意释经之风的庐陵学派。他认为,"学校,王政之本也。古者致治之盛衰,视其学之兴废。"[2] 这一将学校教育与国家兴衰直接关联的理念,让大立学校、推广儒家教育成为庐陵学派的核心主张之一。

北宋时期,应吉州知州李宽扩迁州学之请,欧阳修遂作胜文《吉州学记》,在文中阐明了"本于人性"的教学方法论和"礼让兴行""风俗纯美"的追求目标。他认为,教学要从人的本性出发,不断进行感化教导,使人们走向善良;

北宋政治家、文学家欧阳修画像

---

[1] 马令:《南唐书》卷十三,中华书局1985年版,第3419页。
[2] 《欧阳修全集》卷39,中华书局2001年版,第572页。

吉安市永丰县沙溪镇的欧阳修故里西阳宫

要坚持不懈、孜孜不倦，直至知礼谦让盛行、社会风气美好，这样才算取得成功。

区别于以往教育只是被高门世家垄断的"特权"，欧阳修延续孔子的理念，提倡有教无类，更加注重学以致用和因材施教，这种教育思想至今仍具有深远影响。或许，这一思想在他励志苦学的年少之时便已萌发：自幼丧父、家境拮据，母亲郑氏只得在地上写字，"画荻教子"。欧阳修不负母亲期盼，勤学苦读，终成一代文豪。

以今人眼光视之，扩迁州学只不过是州县小举措，但欧阳修却将此事放在"庆历新政"的大政治背景中去思考，既是对家乡的深厚情意，也是对吉安教育的殷殷期望。在《吉州学记》中，他描绘了当时吉安的办学情景："学有堂筵斋讲，有藏书之阁，有宾客之位，有游息之亭，严严翼翼，壮伟宏耀。"① 可以看出，彼时当地尚学之风渐盛。

一座座书院的兴起，厚植了"文章锦绣"沃土，也长出了人才之林。据《江西通志》记载，宋代吉州共有进士900多人，走出了刘沆、周必大、文天祥3位宰辅。

---

① 《欧阳修全集》，中华书局2001年版，第572页。

弦诵不绝白鹭洲

在吉安城东的赣江中,有一片梭形绿洲,被称作"白鹭洲"。这一地名的由来,有一段凄美的传说:古时有一白鹭仙子,因向往人间生活,便变成一位美丽的姑娘,与江边一位年轻渔人相爱。后被天神发现,水淹洲渚,为避免生灵涂炭,夫妻双双化作白鹭,以身托洲,使洲永浮水面。后来,人们就把这座美丽的绿洲称作"白鹭洲",著名的白鹭洲书院就坐落于此。

这个因洲得名的书院,由南宋吉州知州江万里创办,是江西古代四大书院之一。书院以朱熹《白鹿洞书院学规》中所写的"讲明义理,以修其身,然后推以及人;非徒欲其务记览为词章,以钓声名取利禄而已"为宗旨,从"五教之目""为学有序""修身之要""处事之要""接物之要"等方面规范学生的行为,在教学内容上,弘扬理学,强调经世致用。

白鹭洲

白鹭洲书院与城市夜景

　　创立 15 年后，白鹭洲书院便迎来第一个"高光时刻"。当年，吉州 39 人同登进士榜，为全国之最。宋理宗皇帝还手书"白鹭洲书院"匾额相赐。

　　在创造灿烂文华和风骨的同时，白鹭洲书院也历经坎坷。自创建以来，因其特殊的地理位置和历史变迁，数易其址，几经兴衰变化。书院曾从白鹭洲迁离，在城南仁寿山慈恩寺另建新院舍，后重新迁回白鹭洲上，并进行了重修和扩建。

　　奇迹和幸运，从来不是偶然降临的果实，而是饱尝风霜雪雨和岁月磨砺后依然信念不衰、志向不改，最终必然开出的傲人花朵。历史上白鹭洲书院曾多次被毁，但历代吉州有识之士倡学业、崇诗书，屡毁屡复。今天的白鹭洲上，昔日书院旁建有白鹭洲中学，真可谓"弦诵不绝"未远，琅琅书声依旧。

书院的另一重价值

在南宋政权陷入危机的时代背景下，白鹭洲书院的意义不仅仅在育才，更重要的是申明义理、砥砺名节、养育精神、知行合一。对"义理""名节"的珍视，是白鹭洲书院学者和学子们共有的品质，也成就了一批"文章节义"之士——"重教兴学"的江万里、求"有益于世用"的欧阳守道、舍生取义的文天祥，他们以各自的传奇人生，为庐陵书院文化注入不朽的精神传承。

太守的"士气之乐"

"尝叹平生志气之乐，惟鹭洲一事。"江万里在回顾自己一生时，如此感慨。他是朱熹门人林夔孙的弟子，立志弘扬理学、拯民济世，以白鹿洞书院为榜样，令筑精楼于洲，创立了白鹭洲书院。

面对纷乱时局，江万里提倡"实学"，主张读书应该"穷理"，即"诵其书"须"学其所以为教"，做到"心领意会"，把教

白鹭洲书院江万里雕像

育摆在为政之先的重要位置之上,因此对书院的执教者提出很高要求。

在书院初建时,没有合适的人担任山长,他便亲自授课,"与从容水竹间,忘其为太守。"① 白天公务繁忙,便在晚上讲课。在讲学过程中,他注重讲述线索,提纲挈领,选取要点深入阐发,并设置问题,让学生揣摩思索,适时启发引导,在研讨剖析中砥砺操行,在交流互动中教学相长,形成了独具特色的教学模式。

"然必其体立而后用有以行",是程朱理学的主张,也是江万里所继承和发扬的思想核心。他坚定这一思想,并陆续创办了宗濂精舍、道源等书院,开启了庐陵文化鼎盛的新阶段,奠定了他在中国古代书院史上的地位。在他的培养和影响下,涌现出了一

---

① 朱虹:《翻开江西这本书》,江西高校出版社 2020 年版,第 47 页。

批以欧阳守道、刘辰翁、邓光荐、文天祥为代表的铁骨铮铮、以身许国的栋梁之材。

南宋末年,江万里已官居宰相。他力主抗元,但因朝内斗争,数度被罢免,又数度被起用。至其晚年,元军攻破饶州城,江万里留下"大势不可支,余虽不在位,当与国为存亡"的诀别词后,从容投水而死。

南宋词人刘辰翁在《鹭洲书院江文忠公祠堂记》中评价江万里道:"其志念在国家,其精神在庐陵。"这正是他一生的写照。

首任山长的言传身教

离任吉州时,江万里选择庐陵名儒欧阳守道为白鹭洲书院首任山长。为何选中他,既是偶然,也是必然。

偶然,在于一次会面。欧阳守道自幼父母双亡,家境贫寒,凭借顽强毅力自学成才,在考中进士那年,曾受到知州江万里的接见,在之后的交往中,更是认为他德才兼备,是个可堪胜任的人才,便向朝廷推荐,任其为山长。

白鹭洲书院六君子祠

必然,则在于欧阳守道与江万里所共同追求的"实学"。他注重培育学生的优良品格和扎实学风,以中华传统美德来教育学生,告诫学生要学孟子养"浩然之气",而养气必先立志。

何谓"立志"?在欧阳守道看来,"士贵立志,非富贵志也。信圣贤之言,而期于有立。不以贫厄更所守,斯之谓志";"集义以养吾气,是气塞乎天地";"君子之乐,以其胸中浩然,与天俱春"。① 浩然之气人人有之,不必外求,只需内养,就能产生强大精神动力。他认为,如果读书只是为了做官而不顾国家大局,便是丧失气节。

在担任山长的十余年里,欧阳守道将江万里开创的优良学风传承下来,为当地书院学馆的发展作出了引导和示范。得益于他的治学有方,书院学业兴隆、人才辈出,一跃竟与庐山白鹿洞书院、铅山鹅湖书院、南昌豫章书院齐名。在取得如此成绩下,他本人却始终淡泊明志——相传,不少富贵之家携厚礼送子弟前来

---

① 曹枣庄、刘琳:《全宋文》第546册,上海辞书出版社2006年版,第434页。

求学，请他多加关照，可他一概回绝，认为学生不论贵贱贫富，当一视同仁。

文天祥在《祭欧阳巽斋先生》中深切缅怀这位令人敬重的老师："先生之心，其真如赤子"；"先生之文，如水之有源，如木之有本，与人臣言依于忠，与人子言依于孝"；"先生之德，其慈如父母，常恐一人寒，常恐一人饥，而宁使我无卓锥"。[①] 怀赤子之心，行忠孝之举，对待学生慈如父母，这是欧阳守道所守之"道"，也是其毕生追求的君子之乐、浩然之气。

文天祥的浩然正气

"人生自古谁无死，留取丹心照汗青。"宋元交替之际，文天祥被元军所俘，途经零丁洋（又名伶仃洋），面对故国河山，创作下惊世绝笔《过零丁洋》，悲壮凄凉，慷慨激昂。

文天祥是白鹭洲书院培养的杰出学生，他曾于南宋宝祐三年（1255年）入书院学习。自由讲习、议论时政的学风，开拓了他的眼界，也打磨了他的思想，使他既以"长读圣贤之书"自许，又以"尽洗旧学读吾书"自励，构建了"法天地之不息"的思想体系，其"不息"的思想不仅在于对宇宙自然的理解，更是将它与治国、用人、"补世"相结合，并形成"天道人事，实不相远。自古人君凡知畏天者，其国未有不昌"的国家观、政治观。因此，他在高中状元、还未正式任职期间，就向宋理宗呈上洋洋万言的《己未上皇帝书》，力劝皇帝以国家大局为重，明正典刑，惩处佞臣，同时，提出"简文法以立事、仿方镇以建守、就团结以抽兵、破资格以用人"四条强国强军主张，并在《跋彭叔英谈命录》中，以"国有大灾大患，不容不出身捍御"申明爱国思想，这正是其"不息论"在为人、为政上的体现。

[①] 刘仁远：《庐陵文化博览》，中国文联出版社2003年版，第33页。

南宋德祐元年（1275年），元军逼近临安。文天祥响应诏令起兵反抗，散尽家财充作军资，招募勤王兵万余人护卫临安。次年，文天祥被拜为右丞相，受命前往元营谈判，因坚决抗争而被拘禁，其后在镇江成功脱险。经海路南下抵达福建，与张世杰、陆秀夫等人坚持抗元。景炎二年（1277年），他进军江西，次年兵败，于海丰五坡岭被俘，押往燕京（北京）监禁，动人心魄的《正气歌》就创作于这期间。

　　天地有正气，杂然赋流形。
　　下则为河岳，上则为日星。
　　于人曰浩然，沛乎塞苍冥……

据文天祥在《正气歌》序中所述，囚室的环境十分恶劣，牢内空间逼仄，卫生状况恶劣，尤其在炎热的夏季，大雨过后，"水气""土气""日气""火气""米气""人气"与"秽气"交织为"七气"，即使身壮力健之人，也断不可能受得住。而两年以来，自己在"七气"侵袭下仍能"幸而无恙"，就在于心中

于右任草书《正气歌》

有"浩然之气",这是"义"之极致与"道"之所在。在序末,他慷慨陈词:"你有七气,我只有一气,这一气就能与七气相以抗衡,我还有什么可怕的!"①

被囚禁的三年里,元世祖忽必烈十分欣赏文天祥的才华,数次劝降,但他坚持节义、拒绝投降,1283年1月9日,在柴市慷慨就义。纵观他的一生,作为政治家,本可明哲保身,却始终坚守信念和原则,因此常遭到攻击和排斥;作为思想家,本可隐逸出世,却经历战争、政治风波和流亡生涯;作为文人,本有求生之道,却投笔执锐,捍卫一隅国土。以历史眼光看历史人物,大厦将倾,非一木所能支,但他不畏强暴、宁折不弯的胆魄,上下求索、视死如归的气概,无论过去、现在或将来,都是值得仰视的,正映照孟子所言:"自反而缩,虽千万人,吾往矣。"②

文天祥的忠义,也激励着一批志士相随,比如,为掩护其避难而殉难的刘子俊,再如,冒着杀身之祸将文天祥骨骸运回吉州安葬的张千载……他们用生命诠释了"行己有耻"的精神内涵。后人有五律诗云:"自昔庐陵地,名贤史册香。文章宗永叔,节义重天祥。潋潋清波漾,振振白鹭翔。江公风范在,千古仰遗芳。"

---

① 《文天祥全集》,中国书店1985年版,第375页。
② 《孟子》,山西古籍出版社1999年版,第49页。

赣州
走过千年的海绵城市

李嵩《水殿招凉图》

先进的古"城建"

秦始皇南征百越时，途经江西越南岭，赣州是其中重要关隘之一。西晋"永嘉之乱"后，"衣冠南渡"让南方迎来了大规模开发，赣州容纳了大批北方难民，随之走向崛起。

随着江西成为联系中原与岭南的主要通道，赣州迎来经济社会发展的高峰期，并融入全国道路交通网络，四省通衢的水陆联运优势凸显。正如北宋名臣包拯在《请选人知虔州》中所说："虔州（今赣州）据江表上游，南控岭徼，兵民财赋，素号重地。"[1]

"不涝之城"的秘密

坐落在水网环绕之中，处处都是河湖潭塘，"水多"的赣州却被冠以"千年不涝之城"的名号。那么，它缘何成为不怕水淹的城市呢？

有这样一个传说：赣州城下有一只巨龟，头在南门、尾在北门，每逢下雨就会浮游在水面之上，托起整个城市。事实上，"神

---

[1] 《丛书集成初编》第903册，中华书局1991年版，第37页。

龟"真实存在于城下，那便是地下环保排水系统——福寿沟，正是它保护赣州城千年不涝，守护一方百姓平安。

在福寿沟修建之前，这里曾常年饱受水患。汉高祖六年（公元前 201 年），赣州建城设县后，其城址、城名因自然灾害和战争等影响几度变迁，南朝迁到现在的章、贡两江汇合处一带，城址才固定下来。这一时期，面积只有 1.23 平方公里的赣州城，"东西南北诸水，俱从涌金门出口，注于江"，一条简易的下水道正好可完成排水。

然而，唐僖宗光启元年（885 年），这里开展了浩大的扩城工程，但不绝的"城中看海"也相伴而来。这一年，卢光稠率众起事攻占赣州，自称刺史，并将城市面积扩大到了 3.05 平方公里。由于城市规模扩大、排水系统规划建设不合理等原因，此后百年间，城内屡遭水患，百姓苦不堪言。

从自然环境看，赣州地势本就易生水患。赣南地区作为一个相对独立的地理单元，向东是与福建交界的武夷山脉，向南是与广东交界的南岭，向西是与湖南交界的罗霄山脉。赣南水系发端于东、南、西三面群山高地，向赣州盆地汇合。虽为交通便利、易守难攻之地，但雨季来临，拒外水、排内涝便成了这里的一大难题。

目睹洪涝灾害给百姓带来的巨大损失和痛苦，多任官员都曾试图改变现状，但始终成效不大。北宋熙宁年间，赣州人民终于迎来了治水干将刘彝。受命上任知州后，他反复思考、实地勘探，科学地根据地形地势特点，规划修建福寿沟。受古代风水学文化影响，他把沟渠线路走向设计成了"福""寿"二字的古篆体之形，寓意为这座城市带来好运。

"福沟排城东南之水，寿沟排城西北之水。"福沟与寿沟纵横曲折、井然有序，根据地势变化，分别将水收集排放到章江与贡

赣州的湿地公园

江,成为排水防洪的主要通道。在此基础上,二沟与城内的水塘、水沟实现连通,形成了利于储水又具有防洪功能的综合调节系统。

"水窗"是福寿沟的核心装置。刘彝独创性地在各出水口"造水窗十二,视水消长而后闭之",当城外江水水位低于水窗时,城内的水会将水窗冲开排水。反之,则借江水之力将水窗自外关闭,以防倒灌。同时,城外还修建了建春门、涌金门、北门三座防洪闸,共同构成了一套完整的防洪排涝系统。

对这一设施瑰宝,历朝历代都悉心保护。除平时的小修小补外,福寿沟还进行过四次大维修,其中,以清朝同治年间的维修工程最为彻底。当时,福寿沟年久失修,内涝重现。官府与本地士绅商议后决定,以"民修官助"的方式,"令各家自修其界内之沟,官但予以期限而责其成,其无屋及公产之地,则官发公项修之",历时3年完成修复。

千余年来,福寿沟让赣州古城做到了弹性应对暴雨洪水:下

晨曦中的城市

雨时存水，用水时放水，让雨水"听话"，把昔日水患变成了水利资源。这是古代城市地下管网设施营建的典范，与今天"海绵城市"的理念不谋而合。

从未退休的宋城墙

除了福寿沟，修筑城墙也是赣州人防御水患的重要措施之一。城墙，是古代城市的重要防御工事，其源于原始社会的"营垒"，经过长期发展，其材质由夯土向砖石演变，但抵御外敌和军事指挥始终是城墙的主要功能，而赣州城墙，除了城防需要，也是防洪设施，这也是十分罕见的。同时，作为我国保存相对完整、规模宏大的宋代原址原砖城墙，也与西安、平遥、荆州、兴城的古城墙并称中国五大古城墙。东晋时期，南康郡（今赣州）太守高琰以惊人的魄力在章贡二水合流之处夯土筑城。后来因江水侵蚀，

赣州城墙

土城墙大部分被毁。北宋嘉祐年间，孔子第46世孙孔宗翰任知州时，一场几天几夜的暴雨引发山洪，城内化作泽国，百姓流离失所。他遂下定决心，要建一座固若金汤的城池。

什么样的城墙才能抵御汹涌的洪水呢？想明白，才能干实在。一位老工匠提议，可用铁水浇铸城基，孔宗翰考证后觉得可行，当即组织大量客家窑工和能工巧匠按此方法烧制城砖、修筑城基。此后，城墙经受住了多次滔滔洪水的冲击，屹立千年。

经过不同时期的修缮加固，古城墙逐步形成由西津门、镇南门、百胜门、建春门、涌金门5座城门拱卫，护城河、墙垛、城楼、警铺、马面、炮城等设施一应俱全的城防体系。20世纪末，赣州曾对宋城墙上保存的铭文砖进行专项调查，发现最早的记于北宋熙宁二年（1069年），最晚的则记于民国四年（1915年）。这些斑驳的城砖如同一部历史巨著，记载着赣州的风云变迁、悲喜过往。

如今，从东门至西津门的古城墙已全部贯通，犹如一条文化纽带将诸多文物古迹串联在一起。城墙上，饱经风霜的灰砖长出绿色的青苔和蔓藤，在雄浑沧桑中焕发出盎然生机。

赣江终入海

三江环绕、水系发达，虽让赣州饱受水灾之苦，却也给它带来了经济上的腾飞。

唐开元年间，历史赋予赣州一次大好机遇。宰相张九龄在唐玄宗的支持下，将赣南章水上游与广东浈水经梅关连通。自此，形成一条从长江到赣江，经章江、浈水、珠江出海的水路。

到了宋代，赣州凭借四省通衢的水陆联运优势，迎来了"八境台前春水生，涌金门外万舟横"的盛景。宋真宗曾下诏："如闻广南上供纲运，悉令官健护送至阙，颇亦劳止，自今令至虔州代之。"① 从此，赣州成为岭南货物转运至中原地区的中转站和集散地，与各地之间的往来更加频繁，对舟船的需求也随之增大，造船业开始迅速发展。

后来，知州赵抃组织兵民利用赣江旱季时间，用树枝烤红大礁石，然后将冷水浇在石头上，利用热胀冷缩原理，将大礁石炸裂开，从而疏通水道，让航运变得更为安全与畅通。同时，他利用个人影响力，与韶州州衙协商，一起发动兵民，从南北两向同时动工，联合拓宽梅关古驿道，使之从以往简陋的驿道拓成可以过马车的坦途，便利了贸易往来。

随着赣江这条"黄金水道"的开启，赣州一举成为"海上丝绸之路"与内地贯通的枢纽。据史书记载："当岭表咽喉之冲，广南纲运公私货物所聚。"② 过境贸易的繁荣，私贩经济的活跃，让其

---

① 许怀林：《江西史稿》，江西高校出版社1993年版，第329页。
② 陈国灿、姚建根：《江西城镇通史宋元卷》，上海人民出版社2017年版，第45页。

发展为远近闻名的商业城市。北宋熙宁年间,赣州商税额一度位列江西第一。

古今辉映,绵延不息。如今,赣州仍在"21世纪海上丝绸之路"和"丝绸之路经济带"的建设中,续写跨越千年的璀璨新篇,绽放出更加绚丽的风采。

先贤在此"比邻而居"

古城墙、八镜台、郁孤台……赣州名胜古迹众多，也孕育了诸多英才巨匠。作为历史上最辉煌的时期之一，人文赣州的高峰在宋代愈发凸显，往来此地的名人大家络绎不绝，苏东坡、辛弃疾、岳飞、文天祥等先贤都在这里写下诗篇，也留下了令人回味的故事。

"八境"绘八景

少年的耳闻、中年的神往、老年的亲历，让苏东坡与虔州（今赣州）结下了不解之缘。

苏东坡12岁时，游历虔州的苏洵回到家中，激动地讲述江南西路的风物见闻，给年幼的他留下了深刻印象，憧憬之心由此萌生。

多年后，苏东坡与赣州第二次结缘。其时，接任苏东坡密州太守一职的恰好是曾任虔州知州的孔宗翰。他在虔州任职时曾在

八境台

城东北隅的古城墙上修建石楼,后称"八境台"。作为离任留念,还请画师妙手制成《虔州八境图》,描绘石楼(即八境台)、章贡台、白鹊楼、皂盖楼、郁孤台、马祖岩、尘外亭和峰山八景。通过孔宗翰的讲述,苏东坡听闻了许多关于虔州的风物,并通过画作游目骋怀。

相谈甚欢之时,孔宗翰请苏东坡题诗。彼时苏东坡虽未到过虔州,却依凭图画和遐想,题诗八首,还满怀激情地在序中写道:"东望七闽,南望五岭,览群山之参差,俯章贡之奔流,云烟出没,草木蕃丽,邑屋相望,鸡犬之声相闻。"后来,孔宗翰让人将这八首诗镌刻在石楼上,"虔州八景"从此名扬天下。

后来,苏东坡被贬惠州,他从当时南北水上交通运输大动脉赣江乘船南下,被当地的山水风光所吸引,遂停留一月有余,并亲临八境台,深感早年的题诗未能道其万一,遂补作《八境图后序》。

宋徽宗即位后,苏东坡从贬谪之地北归,其间再次途经赣州,又小住40多天。除游览名胜古迹之外,他还结交当地的文人雅士。

听说隐士阳孝本在通天岩隐居，便前去赴会与其促膝长谈，并写诗相赠。一代词人与一位布衣学者见面，"深讶相遇之晚，遂为刎颈之交"。阳孝本也邀请他到城里的崇庆禅寺煮茶夜话，当晚，仕途上的坎坷、内心的苦闷，在阳孝本的劝导下得到尽情排解和释放。真可谓，有的人天天相见，却白发如新；有的人偶然相逢，却倾盖如故。后人为纪念此事，专门修缮廉泉亭，改称"苏阳夜话亭"。

对于苏东坡而言，赣州不仅仅是一个途经之地，也是他人生中的一个重要驿站。在这里，他得到了片刻的慰藉，留下了深刻的思考。通过感受自然风光和人文气息，他灵感迸发，创作了60多首诗，一定程度上影响了赣州山水文化的形成。

世界是个回音谷，念念不忘，必有回响。很多当下所得，实则是过去播下的信念种子在时光滋养下绽放的花朵。苏东坡与赣州的缘分是这样，我们每个人的执念亦是如此。

"郁孤"一曲天下闻

孤峙天半，郁然独立。登上郁孤台楼，江城烟云，巍峨秀丽，内外景色尽收眼底。其坐落在西北隅的贺兰山上，是赣州城内的最高点，对它的记载可以追溯到千年前，其名扬四海与辛弃疾有着莫大关联。

辛弃疾以豪放派词人闻名，其流传至今的600余首辞章，不仅在数量上在现存两宋词人的作品中居第一位，内容风格也多样丰富。相比高产的"词人"身份，辛弃疾也是真刀真枪上过战场的将才。他在金辖山东地区度过了少年时代，在其21岁时聚集了2000余名义军，在金腹地"光复宋土"，并在一举成名后南下，回归南宋。然而，作为在金辖区成长的"归正人"，辛弃疾在南宋朝堂并不被信任，他一次次向皇帝上书的奏疏谏言也都石沉大海。

辛弃疾《去国帖》

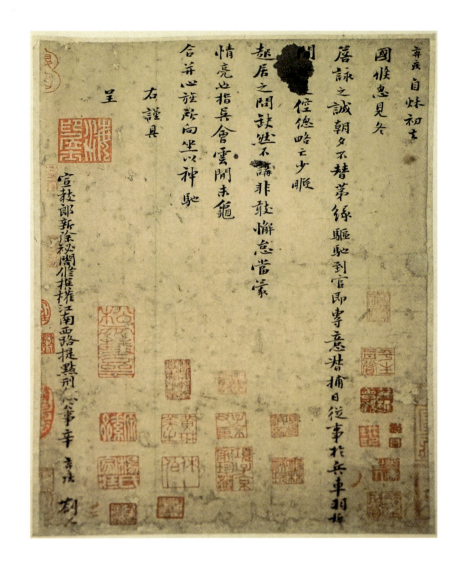

南宋淳熙年间，宋孝宗诏命辛弃疾为江西提点刑狱，领兵镇压茶商叛乱。坐了多年"冷板凳"的他意气风发，致力于精兵简政，提高军队战斗力，并采取层层围困的策略，派兵把守各个要道，切断叛军的粮食后勤补给，最终，不负众望地成功平叛。

辛弃疾用实干证明了自己的忠诚，也受到了朝廷嘉奖，但却未得到施展抱负的机会。后来，他在赴任江陵知府兼荆湖北路安抚使之前，怀着长期无法北上抗金的郁闷心情，登临了郁孤台。

郁孤台在赣州城西北面的田螺岭上，西边是当时的州治所在地，也是南宋初年隆祐太后驻跸虔州时设立行宫的地方。南宋建炎三年（1129年），已占领北方的金兵大规模渡江南下，其中一路由建康（今南京）打到临安，追击宋高宗赵构，另一路由湖北入江西从水路沿途追赶隆祐太后。太后逃难到虔州后，衣食紧缺，并受到惊吓，遂于返回临安后的第二年离世。面对行宫遗迹，辛弃疾想起战乱不息、百姓流离以及自己南归后的遭遇，不禁忧伤满怀、悲愤不已，于是，一首千古绝唱奔泻而出：

郁孤台下清江水，中间多少行人泪。

西北望长安，可怜无数山。

青山遮不住，毕竟东流去。

江晚正愁余，山深闻鹧鸪。

命运的齿轮总与辛弃疾的期待背道而驰。在他的仕途生涯中，虽怀有一腔豪情壮志，却屡经调动，甚至多达40余次，也屡遭弹劾，既无法深耕一域、为民请命，也无法披甲上阵、捍卫社稷。他的"把吴钩看了，栏杆拍遍，无人会，登临意"与"醉里挑灯看剑，梦回吹角连营"皆是真情流露，但奈何"青山遮不住，毕竟东流去"，志难酬、意难平，以至在临终前仍高呼"杀敌！"

南宋宝庆三年（1227年），知州聂子述维修郁孤台。翌年，他将自己收集的苏东坡、黄庭坚等前代名人墨迹汇集付梓，定名《郁孤台法帖》成为存世珍本。然而，郁孤台在明代倒塌。之后再也没有兴建成原来"台"的形式，改为"亭"式建筑，但沿用了"郁孤台"之名。清同治年间，一场大风将其吹倒，后再次重建。如今仍独立山顶，望着江水流淌不绝。

四贤隐于市

"赵抃疏险滩,刘彝福寿惠千古;濂溪创理学,文山丹心昭四贤",走进四贤坊,这副对联便映入眼帘。赵抃、刘彝、周敦颐、文天祥四位先贤在这里被铭记。

北宋嘉祐年间,被朝廷罢免谏官职任的赵抃,沿着水运官道赶赴赣州任知州。已过知命之年的他心有不甘,一直清廉为官却落得被贬谪到偏远边陲的下场,纵然如此,他并没有气馁,而是惩治腐败、举贤荐能、为民造福。

作为一方主官,赵抃对下层民众的生活疾苦,怀有深切的同情。当时,很多南贬的官员离世后,其家人的处境非常悲惨,有的甚至沦为了乞丐。他对此十分痛心,写文书给岭南各处的地方官,让他们把去世官员的家小送到虔州来,由他送回家乡。一时间,"铁面赵抃,夜必告天,移文诸郡,授舟给钱",遂流传开来。由于来的人太多,他又命人造了100多只船,运载这些无家可归的人返

四贤坊

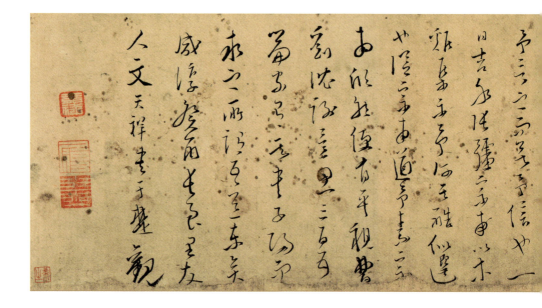

文天祥《木鸡集序》

乡。"雪中送炭"总是比"锦上添花"要深刻，赵抃的同理心，处处彰显着人性的光辉，使身在逆境的流浪者，得到了久违的温暖。

《宋史》中，"铁面"赵抃与"黑面"包拯两人同传，后世戏曲舞台上"包青天"的形象也是以两人为原型塑造而成。清正廉洁的赵抃每到一地任职，都会对当地民风产生积极影响，虔州更是"岁丰无盗、狱冷无冤"，偌大地邑竟然少有人犯罪。

无巧不成书，在赵抃来到赣州的同一年，儒学大家周敦颐也接到了虔州通判的任命。因为他和赵抃有过一些误会，众人听说此事，都不禁为其担忧。原来，因此前有人诬告周敦颐不务正业、沽名钓誉，赵抃便把他列入"小人"行列，冷眼相看。待共事之后，亲眼看到了周的所作所为，印象随之改变，两人遂成莫逆之交。

到了南宋咸淳年间，赣州迎来了新知州文天祥。不同于主战时所展现出的气贯长虹，作为一州主官，面对百姓，他主张以礼

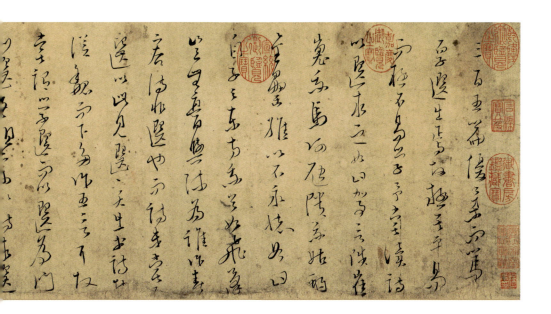

待人,"不可以刑畏慑,而可以义理动",要"以诗书揉强暴,衣冠化刀剑"。还倡导尊老尽孝之风,亲自操办了"千叟宴",把全城七旬以上的老人请到一起,同享同乐。自此,"老者踊跃""少者以老为贵"之风风靡此地。经过一段时间的治理,赣州人寿年丰,百姓安居乐业。

赣州是文天祥倾注满腔热血的地方。其描述这里的诗句"八境烟浓淡,六街人往来",如今已成为验证"六街"在南宋就已存在的重要史料依据;离别时所写的诗句"虎头山下路,挥泪忆虔州",更是把对此地的热爱表达得情深意切。

赣水悠悠,千古不息。多少风流人物,以其品德风范和文治武功光照千秋、泽被后世,正如赣州壮美山川名胜与流传的文脉,历经千年依然光芒万丈。

景德镇
不熄的窑火之城

王诜《飞阁延风图》

瓷业高峰是此都

景德镇拥有 2000 多年的冶陶史、1000 多年的官窑史、600 多年的御窑史,可谓因瓷而生、因瓷而兴。泥与火的交融创造了无数令人叹为观止的艺术,成就了一座城市仅凭单一手工业就兴盛千年的奇迹。

"三面青山一面水,一城瓷器半城窑。"郭沫若在景德镇艺术瓷厂参观时即兴挥毫,题诗赞美:"中华向号瓷之国,瓷业高峰是此都。宋代以来传信誉,神州而外有均输。"[1] 穿越千年历史,瓷,仍是这座城市最鲜明的标识。

景德盛名由来

景德镇,早称新平,唐武德四年(621年)置新平县,新平镇隶属其下,因在昌江之南,又称昌南镇。

景德镇的得名始于宋,扬名兴于瓷。公元 1004 年,是宋真宗在位的第七年,换上了他的第二个年号——景德。这一年,在他

---

[1] 清明:《郭沫若在景德镇》,《陶瓷研究》2003 年第 1 期。

宋代白瓷刻花瓶

的记忆里有一件关乎战争的大事,也有一件关乎日常的小事。

大事,是宋辽战争,最终以和平的方式结束,史称"澶渊之盟"。小事,是各地进贡的物产中,有一批来自昌南镇的瓷器,釉色晶莹且青中透白。宋真宗见后"龙颜大悦",遂将年号"景德"赐给了这个在历史上默默无闻的江南小镇,成就了一个与瓷无法分割的名字——景德镇。

瓷,以细腻的质地、清雅的色泽、多样的造型,承载着东方美学与智慧。正如杜甫所咏:"大邑烧瓷轻且坚,扣如哀玉锦城传。"不仅描绘了瓷器的轻盈与坚实,更表达了其声如哀玉、清越动人的特质。

瓷器之美，不仅在于"形"，更在于"情"。在中国瓷业最为繁荣的宋代，窑口遍布全国，从中原州府到江南小镇，烧造的瓷器风格多种多样，数不胜数。而这一时期逐渐兴起的景德镇瓷器，以其清新的颜色，简约的形制，不要纷繁，不讲华丽，只求气韵天成。观之，如近山远岫的青烟朦胧，又如柳丝小荷的绿意氤氲。清而不浅，光而不耀，温润的酥雨点点下，清淡的天色笔笔添，描成宋韵文化的情趣与风骨。

当今，陶瓷界通常以多种瓷窑体系来概括宋代窑业。根据各窑厂的工艺、器形、釉色以及装饰风格的异同认定这些窑系：北方有河北定州的定窑系、陕西铜川的耀州窑系、河南禹州的钧窑系以及河北邯郸的磁州窑系；南方主要有浙江龙泉窑系、江西景德镇的青白瓷系、福建建窑的黑釉瓷系等。

资料显示，景德镇早在新石器时代就开始烧陶。至唐、五代，景德镇不仅生产青瓷和白瓷，还创烧出晶莹剔透的青白瓷。到了宋代，"村村窑火，户户陶埏"，瓷业开始从农业中分离出来，成为这座城市的经济支柱。

青白瓷胎薄质坚、釉色青幽淡雅，青影之下花纹浮现，有"千峰翠色""翠色欲流"之赞誉。又因景德镇地属饶州府，于是人们将此地所产的瓷称为"饶玉"。第一篇研究景德镇瓷业史的专论《陶记》，开门见山地谈到其在宋代的兴盛场景："景德陶，昔三百余座。埏埴之器，洁白不疵，故鬻于它所，皆有'饶玉'之称。"[1] 这份独属于宋人的风雅，超越了时代，延续千年的审美情趣，今天依然无愧"顶流"。

---

[1]《浮梁县志》，清康熙二十一年刊本，第4553页。

瓷器与"China"同名

在制瓷业十分繁荣的宋代,景德镇何以"出圈"?如果无法选择出身,那就改变未来,从景德镇的励志故事中,或许可以获取这样的启示:人生并非赢在起点,而是赢在转折点。

景德镇,自古便"水土宜陶"。所谓"一方瓷土育一方瓷艺",在这块为瓷而生的土地上,似乎一草一木均可为制瓷服务。由于地处江南丘陵区,四周的山岭不仅遍布着丰富的制瓷原料和茂盛的林木,还成了古代抵御战争的天然屏障。相对闭塞的环境,在战乱时期却是一种庇护。北宋末年,战火纷飞,昔日有名的窑口

昌江

或荒废衰落,或随战火损毁,难得偏处赣东北一隅的景德镇得以保全。靖康之变后,曾经以瓷为生的北方窑工开始南迁,他们将先进的制瓷工艺带到了这里。

流淌的母亲河——昌江,也是景德镇瓷业得以发展的重要因素。昌江穿镇而过,是一条名副其实的财富之河、生命之河。繁荣的水运不仅带来了制瓷原料、燃料和生活用品,水流也为窑业生产提供动力。为节省人力、提高效率,后来的窑口大多依河而建,一条狭长的带状城镇就这样沿昌江南北绵延10余里,构成了景德镇的城市布局。

松木油脂多，燃烧时火焰长、热量高，是烧制瓷器的理想燃料。作为远近闻名的竹木之乡，景德镇拥有丰富的松木资源，其窑口的燃料多半只需就地取材，节省了运费，降低了成本，提升了竞争力。

正是得益于此，景德镇的瓷器久负盛名、远销海外。当外国人看到制作精美的瓷器，无不啧啧称奇。而英文中的"瓷器"与"中国"皆为同一个单词"china"，无形中也让景德镇瓷都地位更加凸显。

古巷里的春秋

"四山八坞、九街十巷、三洲四码头、一百零八条弄。"唐宋以降，景德镇即是"沿河建窑，因窑成市"。两岸有数不清的里弄，这些老街巷有的因商贸繁盛而得名，如爆竹弄、绣球弄等，有的则以街上大户人家的姓氏命名，如江家弄、彭家弄等，它们都见证了这座城的历史变迁。

据《江西省景德镇市地名志》记载，早在唐末，彭家弄所在地便聚集了多户彭姓制瓷者。到了宋中期，因瓷业发展迅速，窑户和坯房不断增多，里弄逐渐形成，便得名"彭家弄"。

整齐的马头墙依次排开，青红相间的砖墙爬满绿苔，无声诉说着彭家弄的岁月沧桑。路面中间是青石板，两边则是密密麻麻的废弃窑砖，经高温历练过的窑砖，坚硬无比，砖皮敷一层俗称"窑汗"的褐亮釉质。巷弄里的房屋虽呈现纷繁样式，却无一例外地都用窑砖砌墙，配以窑渣护坡，结实牢固且透水性强，这也是景德镇古巷弄建筑鲜明的特色。

整条老街依古窑分布而建，集"窑、作、居、厂"于一体，因此，部分房屋中间搭有一段很短的"天桥"，用于缩短瓷器的搬

彭家上弄

运距离及减少搬运过程的破损。窑房遗址、作坊、民居等历史古迹保留着景德镇人清晰的生产生活痕迹。在这条古老巷弄里，人们与随处可见的陶瓷文化印记打着照面，仿佛走进了那些曾经热火朝天的窑厂，一幕又一幕令人动容的场景向人们涌来：

　　宋代的一个清晨，当第一缕阳光洒向景德镇，一条条狭窄的里弄连接着数百家窑炉和作坊，沿东西方向径直走向波光粼粼的昌江，精美典雅的瓷器在点点帆影中运往远方，成为了中国走向世界、世界认识中国的文化符号。

景德镇　不熄的窑火之城

"景"上添花

时光流变中的景德镇不只是一个地域概念,而成了一份沉甸甸的岁月记忆,也是中华文明绵延不绝、传承有序的鲜活样本,在原汁原味地保护历史城区和工业遗产文化肌理的基础上,注重发掘地域特色,以用促保,"景"上添花。

奏响"泥与火"之歌

"一座景德镇,半部陶瓷史"的说法并不夸张。这座镶嵌在江南水乡的璀璨明珠,以其千年不熄的窑火,奏响了澎湃激昂的"泥与火"颂歌,孕育了一段段关乎瓷器的传奇。

宋代的青白瓷温润如玉、含蓄内敛;元代的青花瓷白中闪青、浑厚大气;明代的斗彩莹润如脂、恬澹雅致;清代的粉彩鲜艳持重、华丽繁复。想要揭示这些瓷器何以"如此之美",就须追溯到湖田窑遗址。

南宋湖田窑花口瓶

湖田窑青白瓷镂空折枝花高足杯

元青花

　　该遗址位于珠山区竟成镇湖田村，南面环山，北面临水，总面积约 40 万平方米。在景德镇，它是规模最大、延续时间最长、生产瓷器最精美的古代民窑窑址之一。

　　这座窑口始烧于五代，盛于北宋，衰于元，终于明，延续了近 700 年，是研究景德镇制瓷技术发展和演变历史最好的窑场。在宋代，这里就以烧制上乘的青白瓷而驰名天下。

　　进入湖田窑遗址，仿佛穿越到了当年的制瓷现场，从宋代的匣钵墙到元代的青砖路面、再到明代的陈腐池，历史以世纪为单位快速地向前翻页。

　　虽然我们无法想象湖田窑点燃第一炉窑火时的情境，但瓷器却蕴含着一条绵延不绝的历史文化脉络。当窑炉打开，青白瓷从匣钵取出的那一瞬间，相信在场的每位窑工内心都激动不已，不惜将最美好的词语都赋予它："白如玉，明如镜，薄如纸，声如磬。"

　　到了元代，湖田窑迎来了又一个高光时刻，烧出了让全世界都为之痴迷的"元青花"。"素胚勾勒出青花，笔锋浓转淡。"歌曲《青花瓷》的歌词，也道出了瓷器制作工艺的精妙：陶土制胚，青花料为墨，一笔一笔描绘出精美图案，这就是被称为"釉下彩"的装饰手段。与"前辈"青白瓷相比，青花瓷多了那一抹蓝。它在瓷胎上绘有蓝色的画面——或是山水画，或是花鸟人物，或是纯粹装饰纹样，所有画面都被一层透明的釉覆盖。这种釉面坚硬而稳定，历经数百年都安然无恙。

元青花的诞生，成为陶瓷史上的一道分水岭。岁月的洪流奔涌向前，景德镇也一路高歌猛进，有人甚至将瓷器分为两种：景德镇瓷与非景德镇瓷。这种划分或许值得商榷，但也从侧面反衬出景德镇在制瓷界举足轻重的地位。

碎瓷片拼起的往事

宋后，"瓷"事仍在继续。明代，几件素三彩的鸭型香薰在景德镇御窑厂烧制成型，打碎后被掩埋于地下 500 余年。如今，"香薰鸭"重见天日，在故宫博物院的展览中"火出圈"，还成了景德镇御窑博物院的"形象代言鸭"——以其为原型的文创 IP 形象"岁岁鸭"一经面世，便成了网红。

其实，御窑厂下还埋藏着无数碎瓷片。数百年后，正是它们给后人留下线索，而其背后，则是一段段关于御窑厂的故事。

元代时，讲究以白为先、以白为尊，白色的瓷器遂成为帝王的珍爱之品。因此，景德镇白瓷在那时有了空前发展。1278 年，元世祖忽必烈在景德镇设立第一所官窑——浮梁瓷局，专为元皇室烧造御用瓷器。人们普遍认为，这便是御窑厂的萌芽。

入明以后，在原浮梁瓷局的基础上建立了御窑厂，世称"洪武官窑"。由于专为宫廷生产御用瓷器，御窑厂素以"汇天下良工之精华，集天下名窑之大成"闻名，代表了那个时代瓷业的最高水准，也将景德镇的瓷业带到了另一个高峰。

那么，这些深埋地下的碎瓷片又是从何而来呢？原来，御窑厂具有严苛的瓷器挑选及管理制度，常是"百不得五"，为避免烧成的瑕疵品或落选品流入民间，需打碎埋于地下。在这一标准规范下，冠名御窑厂"出品"的，必属精品。经过几十年的挖掘和保护，目前已出土了近2000万片碎瓷片，一堆堆黄土、一堵堵窑

墙仿佛在讲述那段沉寂已久的往事和曾经的辉煌。精中选精,宁缺毋滥,这既是匠心致远的先决条件,也是苛求完美的极致态度。宋人的断舍离何尝不是一种生活美学?

因瓷而变,才能因瓷而兴。古老的景德镇正以独特的方式焕发新生,创新的故事在此不断书写。一个个文化艺术新地标接连涌现,秉持对瓷的那份匠心、耐心、恒心,在日新月异的变化中守护着这座城市的根与魂。

御窑博物馆与街区图

抚州临川翰墨长

马麟《秉烛夜游图》

低调的"才子之乡"

抚州，古称临川。东汉永元八年（96年），置临汝县，即后来的临川县。三国吴太平二年（257年），建临川郡。隋开皇九年（589年），改为抚州，取"奉使安抚"之意。这里，不仅山河壮丽、风光旖旎，而且文化鼎盛、人才辈出，素有"才子之乡、文化之邦"的美誉。

古往今来，秀而能文、刚而不屈的抚州人，书写了灿若星河的临川文化，其中最耀眼的篇章当属才子文化，为后世广为传颂。

一代"醇儒"当校长

北宋嘉祐二年（1057年），年近不惑的曾巩在时隔多年后，第三次参加科举考试。这次，他不仅进士及第，还带领"南丰曾氏"创造了"一门六进士"的奇迹，传遍乡里，轰动朝野。历史上，他是一个醇厚的儒者，毕生信守儒学之道，既纯粹又深刻，被称为"醇儒"。

然而，这背后却有一段辛酸的过往。12岁时，曾巩就能作出好文章，身负"神童"之名，被寄予厚望，但在前两次的科举考试中均以落榜告终。其间，更是经历了人生的"至暗时刻"：父亲罢官、家道中落、乡人嘲讽……但命运的考验尚未结束，其父去世后，他不得不暂时中断学业，担起养家的重任。

贫寒不失其志。曾巩没有就此消沉，而是创办了兴鲁书院，这也是抚州的第一家书院。因为其祖先曾参是孔子的得意弟子，而孔子是春秋鲁国人，加上当时抚州、建昌军一带邹鲁之风盛行，故取名"兴鲁"，意在"上承曾子之家学，以继周公孔子之传者"。

兴鲁书院创立后，曾巩亲自定学规、执教席，培育优秀人才。在他办学精神的影响下，历代任职抚州的官吏都很重视兴鲁书院，一直办到清末，长达800多年。体现了他教育思想跨越历史的精神感召力，也表明抚州形成了浓厚的兴文重教传统，这是抚州人才辈出的重要原因。

除了兴办书院，曾巩还有很多成就，特别是在文学创作方面。他积极参与欧阳修主导的诗文革新运动，文风义理精深，语言净洁，在《宋史》中留下"纤除而不烦，简奥而不悔，卓然自成一家"的美誉，名列"唐宋八大家"之一。

兴鲁书院旧址位于如今的临川六中内，走进学校大门，首先映入眼帘的便是曾巩的铜像——头戴巾帽，面容平静，左手持书，右手抚须，仿佛正在给学生授课……

千年之前，曾巩等一众大儒在此讲学；千年之后，高楼掩映下的兴鲁书院书韵依旧。书院风骨不在于建筑，而在于师者。琅琅书声中，一代醇儒的文风墨韵依旧绵延传承。

"拗相公"的改革决心

兴鲁书院不远处,便是荆公路。荆公路原名"十字街",因王安石故居、祠堂位于此地段,故改名荆公路,是抚州市历史最悠久的街道之一。

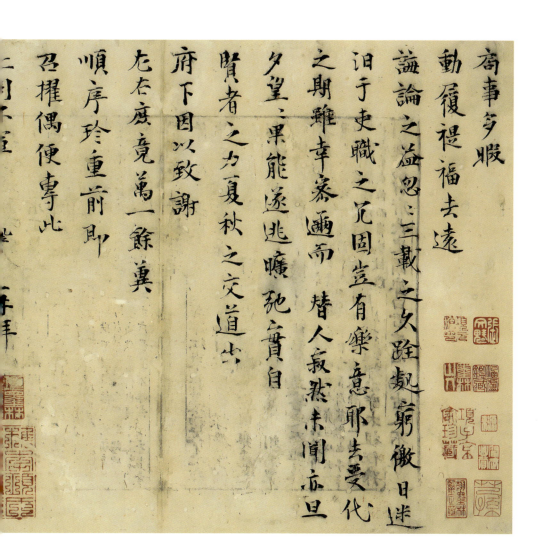

曾巩《局事帖》

青砖黛瓦、红石基底、砖木石雕的赣派建筑密集分布于街道两侧，道路右侧的儒林第老宅、维角钟祥民居、延陵世家等立于高台之上，宅门高深、门头雕花精致，砖墙虽有脱落，但依旧投射着士林望族的往昔风采。

时间追溯到北宋庆历年间。有传言称，王安石在科举考试中曾因一句"孺子其朋"被曲解，遂从状元变成了第四名，随任签书淮南节度判官，自此他的仕途生涯正式开启。在接下来的多年中，他在各地流转任职，政绩显赫。值得一提的是，他还有一个绰号"拗相公"，本意虽是对他固执自负、刚愎自用性格的讥讽，却也从侧面体现了其表里如一、不流世俗的本真。

后来，王安石进京述职时，向宋仁宗呈上了长达万字的《万言书》，以人才问题为主线，针砭时弊，主张全面改革，但并未得到重视。于是，他决定继续等待"改变现实"的机会。

命运还是眷顾王安石的。北宋治平四年（1067年），他终于等来了可以让自己放开手脚、充分施展的良机——宋神宗即位伊始，便重用王安石。随后，他献上《本朝百年无事札子》，阐述宋朝近百年政治经济文化和军事等状况，指明在表面太平实则危机四伏的情况下，改革"大有为之时，正在今日"。[1] 为了获取宋神宗的鼎力支持，王安石在面对非议时作了《商鞅》一诗，以示改革决心：

自古驱民在信诚，一言为重百金轻。

今人未可非商鞅，商鞅能令政必行。

他自比商鞅，更期待宋神宗能够像秦孝公那样坚定、支持改革。熙宁二年（1069年）二月，史上轰轰烈烈的"熙宁变法"启幕，主要涉及三个方面：整顿财务，使国家钱粮充足；整顿军事，使军队强大精神；整顿教育和科举，使官吏各胜其任。

变法在当时起到了一定作用，国家财政收入有了增加，但因

---

[1] 王安石：《临川先生文集》，复旦大学出版社2016年版，第801–802页。

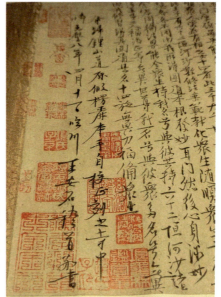

抚州王安石纪念馆（左）

王安石《楞严经旨要》（右）

触动了既得利益，加上政策设计并不完善，遭到多人反对，最著名的当属保守派领袖司马光。这位曾在童年时"砸缸救友"，20岁金榜题名，又写出《资治通鉴》这一博古通今著作的政治家，有足够的胆魄，也有过人的学识，但深受儒家传统思想影响，认为"君主"应是一切政治主张的原点，强调国家是等级、权责分明的体系，任何一部分都有特定职责，不可越俎代庖。因此，他认为王安石应更多承担"执行者"职能，而不是打破原有政治秩序。同时，他更像一个"完美主义者"，其政治主张中既有对君主的期望，也有对臣僚的要求，还有对制度的思考，讲究面面俱到，这与行事激进的王安石截然不同。相比在朝堂上较为温和、通过体察民间疾苦，以诗词针砭变法之弊的苏轼，司马光显然拥有更大政治话语权，并以变法种种不合理之处为论据，直接向皇帝上书，以至于形成朝内保守派势力与变法派对峙，誓要"砸烂"新法。正因强大政治力量阻挠，加之变法本身"先天不足"，新法逐步被废除。

变法虽然失败了，但王安石开拓进取的精神、勇于改革的胆识像一把穿越千年的火炬，照耀后人的精神世界和前行征程。更应看到，进步力量的历史局限性及所犯的错误具有两重性，其拥有的自省意识和自我纠错能力往往更强。与落后势力不同，一个人如果站在进步势力一边，即使有缺点和错误，亦不能否认其对时代发展进步所产生的积极影响。①

心学与理学的激辩

南宋绍兴九年（1139 年）的一天，金溪青田道义里的陆家迎来一个新生命，他就是后来的心学开山鼻祖陆九渊。

身处才子之乡的陆九渊自幼便显现出了非凡天赋，4 岁时就问父亲"天地何所穷际"，不仅难住了其父，也让心学的种子由此萌芽。

南宋淳熙二年（1175 年），在信州（今江西上饶）发生了中国儒学史上影响深远的一件盛事——鹅湖之会。心学和理学虽都是基于儒学而创立的哲学派系，但前者认为"心即理"，属于主观唯心主义；后者认为"理"是世界的本体，属于客观唯心主义，两者和而不同，既竞争又竞合。心学代表人物陆九龄、陆九渊两兄弟与理学代表人物朱熹在鹅湖寺围绕"教人之法"展开辩论。双方各执一词、互不相让，虽然没有达成共识，但他们的思想交锋却成为美谈。

令人称道的是，学术上的对立并没有影响双方友情。后来，朱熹请陆九渊登白鹿洞书院讲学。陆九渊讲授了《论语》"君子喻于义，小人喻于利"一章，一些人听后感动落泪。继而，在陆九

---

① 参见王浩雷：《国家大势》，人民出版社 2012 年版，第 113 页。

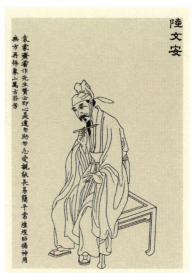

仰山书院（左）　《晚笑堂画传》里的陆九渊画像（右）

渊的邀请下，朱熹也来到金溪崇正书院，与陆氏兄弟几人开课讲学、相互辩难，当时座无虚席，连村里的老人都来旁听。其间，朱熹还手书"一家兄弟学，千古圣贤心"相赠。

遗憾的是，崇正书院毁于明末战乱，但其文脉并未中断。清乾隆年间，时任金溪知县阎廷佶在崇正书院遗址上兴建仰山书院。"高山仰止，景行行止"——书院以仰山为名，正是为了表达对陆九渊等先哲的崇仰之情。

现在书院旧址为陆九渊纪念馆，是一座连体砖木式建筑，虽历经风雨，但门额上的"仰山书院"四字依然清晰可辨。馆内陈列着陆九渊的生平事迹、相关书画、碑刻、墓志铭等，直观呈现了一代先贤的一生。书院格局保留了清代的建筑风格，为现存较少的保存完整的古代书院之一，弥足珍贵。

文星耀城迹

在抚州，不仅有才子，还有传承千年的古城文脉。每一处历史遗迹，都记录着先辈的智慧创造与文化记忆，孕育着独具地域特色和民族风格的乡土文化；每一处建筑遗存，都彰显着悠久的历史文化内涵，闪耀着灿烂丰富的赣抚风韵。

"羊公千载得追攀"

了解抚州，需要一场旅行；爱上抚州，需要一种机缘。这一切在拟岘台登高远望的那一瞬或许就可以实现。毕竟，"占断江西景，临川拟岘台"的声音，已经激荡了近千年。

古人兴楼建台，一般必有缘由。拟岘台兴建的背后也有一段典故：司马氏代魏后，派大将羊祜坐镇襄阳前线，他勤政爱民、增修德信，深得晋、吴军民之心。他离世后，当地百姓就在其生前喜欢游览的岘山，建庙立碑，以表纪念。

北宋时期，抚州知州裴材，十分仰慕羊祜。巧合的是，他惊

拟岘台

喜地发现抚州城东盐步岭，竟与襄阳岘山颇为形似，于是便在此修建拟岘台。

拟岘台落成之时，裴材写信邀请时任常州知州的王安石莅临，后者因事未能前往，便推荐了好友曾巩。曾巩来此后，挥笔写下了名篇《拟岘台记》："尚书司门员外郎晋国裴君，治抚之二年，因城之东隅作台以游，而命之曰拟岘台，谓其山溪之形，拟乎岘山也……"从此，台以文名，文以台传。

后来，王安石到抚州时专门登上拟岘台，作了《为裴使君赋拟岘台》，感怀羊公政卓民仰和裴君厚德善举，留下了"君作新台拟岘山，羊公千载得追攀"的千古名句。

拟岘台自兴建至今，历经多次兴废。建筑主体高近50米，共七层，仍沿袭宋代风格。步入拟岘台，一幅精美绝伦的大型木雕

《政安民乐图》映入眼帘，生动再现了宋代抚州物华天宝、人杰地灵的繁荣景象，也是这里的镇台之宝。曾子固锦衣作记、王荆公会友酬诗、岳元帅旌旗退敌、陆象山开坛讲学……七楼的《文昌千秋图》，讲述着一个个与拟岘台相关的历史故事。登台远眺，只见抚河漫流，微风响远，佳景尽收眼底，可谓斯情同感。

千百年来，无数文人墨客登临拟岘台，作诗题赋难以悉数，为其注入了丰厚的文化底蕴。可以说，一部拟岘台历史，就是一部浓缩的抚州文化史。

超级水利工程

如果说抚州是一本厚厚的史书，文昌里无疑就是其中最闪耀的篇章之一。而要品读文昌里的美，须得向前翻页。

唐上元年间，临、汝二水泛滥成灾，抚州官府在城东抚河段修筑拦河蓄水堤坝。堤坝建成后，根据古星相学所示"文昌在斗而北，谓主抚州"，及当地"金石台分宰相出、文昌堰合状元生"的传说，命名为"文昌堰"，别名"千金陂"。颜真卿在担任抚州刺史期间，专门写下《千金陂碑》，让这座水利工程为世人所知。

历史上，千金陂几经损毁修复，至今仍"横卧"于抚河与干港的分叉口，发挥着防洪作用。2019年，还被列入世界灌溉工程遗产名录。

北宋沿袭唐代乡里制度，此地因文昌堰而得名文昌里，从此这个象征着抚州"文化昌隆"的名字，伴随着抚河的滋养灌溉，为这座千年古城注入了源源不断的文化之流。

要去文昌里，必经文昌桥。可是很少有人知道，文昌桥最开始并不是石桥，而是由船只连接而成的。

南宋乾道年间，抚州知州陈森用相连的船只在汝水上搭了一座浮桥,"始作浮梁,以通往来",取名通济桥。多年后,船只全部随水飘零。后来,另一任知州赵烨又用54艘船只,重新修起了一座浮桥。

南宋嘉泰年间,知州王说把浮桥改建成了石梁桥,开启了文昌桥几百年的石梁桥历史。不成想,其后的一场大火,把桥烧了一半,导致无法通行。于是,时任知州薛师旦首捐公钱,由已退居乡里的工部侍郎董居谊出面号召,父老乡亲纷纷捐款,历时1年多桥终建成。桥东联文昌堰、西属文昌堂,故亦名"文昌"。

在历史烟云中,这座桥梁屡遭损毁。鉴于此处是"朝贡之所往来,军役之所屯发,四民之所出入,百物之所运行"和"冠盖邮驿之使无虚日"之要冲,历任州(府)、县官均将桥梁作为"郡政之一",总会想方设法修复它。在建修过程中,桥型和施工工艺也在不断改进,从浮桥再到石拱桥、从"水修法"到"干

修法"……

文昌桥，是古代抚州桥梁建造工艺的典范，更是当地熠熠生辉的文化符号。"仰视天津明，文昌映魁构"，这座桥，因为有了深邃的文化意蕴，成为我国桥梁建设史中一颗耀眼的明星。

印刷史上的"活化石"

"辛夷屋角抟香雪，踯躅冈头挽醉红。"在王安石的诗中，曾多次提到辛夷花和踯躅花，原来这是他外婆家种植的两种花。他的外婆家位于今抚州市 50 多公里外的金溪县，正是在这里，他遇到了远近闻名的神童方仲永。只是，当时方仲永的才气早已消磨殆尽，这让王安石开始反思自我，也就有了后来那篇被广泛诵读的《伤仲永》。见不贤而内自省，永远都是智者的选择。从方仲永身上汲取教训，不踩绊倒别人的石头，正是王安石的高明之处。

不过，让金溪出名的不只是王安石，还有雕版印书。江西自古就有"临川才子金溪书"之古谚，"金溪书"即金溪县的雕版印书，此地也因而有了"江南书乡"的美称。而浒湾就是金溪雕版印书的主要代表，其鼎盛时期印书、卖书等从业人员多达 3000 余人。浒湾印书行销全国，人称"赣版"或"江西版"。

浒湾雕版印刷业的出现，与当地的历史文化资源和社会文化环境有着密切关系。自北宋以来，抚州文风鼎盛、人才辈出，晏殊、王安石、曾巩等乡贤的榜样作用，在家乡产生了重要影响，形成了重文尊教的传统风尚，读书人"以诗书求闻达"的进取心普遍强烈，都很重视文化教育。读书人多，对书籍的需求量大，故而催生了印刷业。

发黄的古籍、漆黑的雕版、各式的工具，静静诉说着旧时光里的点点滴滴……眼前的一幕就出现在浒湾雕版印刷博物馆。博

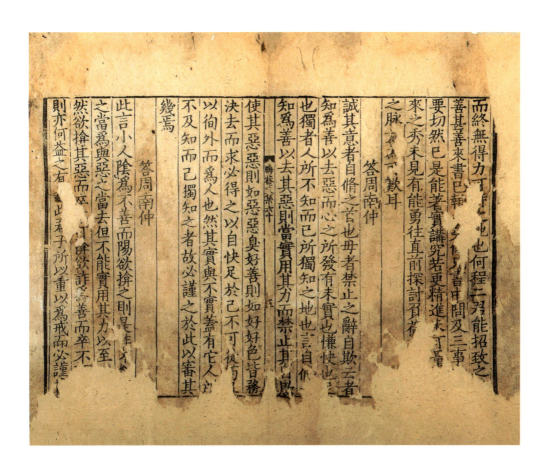

浒湾古镇书铺街（下）
宋版书页（上）

物馆旁边便是浒湾印书历史的见证者——120多栋与印书有关的古建筑，协盛厂、余大文堂、大夫第等比肩而立，历经岁月沧桑，有的已"衰老不堪"，有的则在"修旧如旧"中继续坚守。这里的印书作坊，留存了我国古代雕版印刷完整的工艺流程，并以"浒湾书坊建筑群"的名义入选全国重点文物保护单位。

街区夜景

云林峰高，抚汝水长，先生之学，千载流芳。今日抚州，这片才子书乡之隅，在见证先贤时代风雅、流传赣韵百世华章中，正以"文脉保护"为笔，书写"显山露水"宏文。

抚州　临川翰墨长

眉山
千载诗书城

阎次平《松磴精庐图》

"三苏"故里寻故人

眉山古称眉州,于南北朝时期,因其地介于岷峨之间而得名。这里人杰地灵,是苏洵、苏轼、苏辙的故乡,也是历史上著名的"进士之乡"。南宋诗人陆游就多有感叹:"孕奇蓄秀当此地,郁然千载诗书城。"

"坤维上腴"的家园

提起眉山,或许人们首先想到的就是"三苏"故乡。唐宋八大家中,苏洵、苏轼、苏辙"一门父子"就占据三席。从乡土基因看,眉山钟灵毓秀的山水和淳朴崇古的文化风俗孕育了"三苏",也成为他们内心永远厮守的故土。

古人形容眉山为"坤维上腴,岷峨奥区"。坤维,即西南方,上腴,意为肥沃的土地;岷峨,指岷江和峨眉山,奥区,指腹地或最重要的地方。这8个字的意思是说,该地是西蜀平原西南最富饶的地方,也是介于岷江和峨眉山之间最重要的地区。这里气候温和，雨量丰沛，冬无严寒，夏无酷暑。秀美的环境和北宋立国以来的"百年承平"，都为眉山百姓提供了相对富庶安逸的生活条件，也培育了"三苏"崇尚自然、热爱生活的人生情怀。他们诗篇中展现的耿直天真、豪爽乐观和幽默通达，也是眉山的品性。

秦汉时期，眉山属于犍为郡，是蜀地的"大粮仓"，但一直到南北朝时期设立"齐通左郡"起，才开始正式建城。此后，又设眉州。隋唐时期，州郡县建制几经更名废立，但眉州城本身始终没有易地迁移。其紧邻蜀地首府成都，依托水陆之便，成为交通枢纽，形成了农桑发达、商贸繁荣的局面，出产两种驰名商品：第一种是茶——早在汉代，辞赋家王褒的《僮约》中就记载"武阳买茶"，"武阳"茶肆就位于眉山；第二种是纱——"三苏"宅门外有纱縠行，"纱"是棉、麻等纺成的细丝，"縠"是有皱纹的纱，"行"是交易市场。唐宋时期丝绸贸易兴起，让纱縠行商贾云集，也使眉山丝织业声名远播，苏家早年就在纱縠行内经营丝帛生意，为"三苏"安心向学提供了物质保障。

蜀地发达的造纸和雕版印刷业让眉山学术文化欣欣向荣。唐宋时期，造纸工坊主要聚集在距眉山不远的成都浣花溪，造纸盛况甚至成为蜀中一景，晚唐诗人郑谷所作《蜀中》就有"蒙顶茶畦千点露，浣花笺纸一溪春"的描写，司马光《送冷金笺与兴宗》中记载了彼时造纸流程："工人剪稚麻，捣之白石砧。就溪沤为纸，莹若裁璆琳。"① 除了毗邻造纸业中心，眉山本身也是宋代三大雕版印刷中心之一。这些技

眉州老城

---

① 《司马光集》，四川大学出版社2010年版，第39页。

宋代眉山坊刻本《李太白文集》

术条件，也方便当地编印书籍，让眉山人酷爱读书、买书、藏书，甚至修建藏书楼。据史料记载，唐代眉州有一座"孙氏藏书楼"，被誉为"天下藏书最多、历史最久的私家图书楼"，又得名"万卷书楼"，由此可见当地文教之昌盛。两宋年间，眉山出了800多名进士，史称"八百进士"。

一方水土养一方人。大美山水、物产丰隆、崇文尚教等不可多得的禀赋交汇于眉山，为"三苏"提供了成长成才的沃土。此外，眉山还曾孕育了"寿星之祖"商代大夫彭祖，东汉忠臣张纲，西晋文学家《陈情表》作者李密等一众杰出先贤……因此，当回忆起故乡时，苏轼在《眉州远景楼记》中无不自豪地写道："吾州之俗，有近古者三。其士大夫贵经术而重氏族，其民尊吏而畏法，其农夫合耦以相助。盖有三代、汉、唐之遗风，而他郡之所莫及也。"[1]

史上最牛"学霸"家族

如果说眉山的山水人文是成就三苏"学霸"家族的外因，那深厚家风底蕴便是成就其盛名的内因，这个源头要追溯到唐代政治家苏味道。

无苏味道而无苏东坡。苏味道是赵州栾城（今河北省石家庄市栾城区）人，唐代政治家、文学家，与李峤、崔融、杜审言合称初唐"文章四友"，武则天时期两度跻身相位。神龙政变（705年）时，苏味道阿附武则天宠臣张易之，在唐中宗复位后被贬为眉州刺史。他的四个儿子中，第二子苏份在眉州扎下了根。虽然距先祖生活的时代已隔数百年，但"三苏"对于祖籍栾城一直念念不忘，以至于他们在文章、诗词、书画中经常署名为"赵郡苏洵""赵郡苏轼"等。后来，苏辙被北宋朝廷授爵"栾城县开国伯"，他的作品集叫《栾城集》，而苏轼的墓志铭上也写道"苏自栾城，西宅于眉"。

母亲，是孩子的第一任老师。在苏轼、苏辙成长之路上，他们的母亲程夫人既是老师，也是明灯。她为了让丈夫苏洵心无旁骛地读书，毅然变卖嫁妆，在纱縠行租了间铺面，做起丝帛生意来，由于经商有道，"不数年，遂为富家"[2]。做生意之余，程夫人也常教导两个儿子，比如，经常讲述东汉名臣范滂等人的故事，告诉他们读书并不是为了追名逐利，而是要学圣贤的处世之道，刚正不阿，不随俗俯仰。"言传"之外，程夫人的"身教"同样影

---

[1] 《苏轼文集》卷11，中华书局1986年版，第352页。
[2] 司马光：《温国文正公文集》卷七十六，上海书店出版社1989年版，第566页。

苏轼雕像

响了二人一生。苏轼步入仕途后,曾作诗文追忆母亲的行为处事:《记先夫人不发宿藏》讲述了她不允许婢女挖出园中所埋大瓮的故事;《记先夫人不残鸟雀》记录了她禁止捕鸟的故事。苏轼轻财重义的观念和悲天悯人的仁爱,无不得益于母亲的谆谆教导。程夫人去世后,司马光为其撰墓志铭曰:"古之人称有国有家者,其兴衰无不本于闺门"。[①] 她的深明大义、勤劳睿智,为"三苏"父子跌宕起伏的人生点亮了一片坚韧与温暖的底色。

作为父亲,苏洵也在儿子们身上倾注了大量心血,他虽然"少不喜学,壮岁犹不知书"[②],但是在27岁那年,幡然醒悟,闭门苦读十年,也吸取自己"以懒钝废于世"的教训,悉心教导孩子读书、治学、为人。在《名二子说》一文中,他解释了两个儿子名字的由来——"轼"和"辙"都与车有关,轼就是车前面作为

[①] 曾枣庄、金成礼:《嘉祐集笺注》,上海古籍出版社1993年版,第62页。
[②] 王辟之:《渑水燕谈录》卷四,中华书局1981年版,第41-42页。

扶手的横木，没有它，马车上的人容易跌倒。苏洵认为，横木对于车非常重要，但也锋芒毕露。辙，是车轮碾过的印记，"天下之车，莫不由辙"，人们谈论起车的功劳，不会想到车辙，说起车的过错，也不会怪罪车辙。写就此文时，苏轼、苏辙已是少年，形成了自己的性格秉性。事实也正如此，性格刚正的苏轼，无论在政坛还是文坛都锋芒毕露，其境遇也成为了弟弟的前车之鉴。

为了激发二人读书的兴趣，苏洵发明了"藏书法"：每当儿子玩耍时，他就躲在角落里读书，儿子一来，便故意将书"藏"起。兄弟二人以为父亲在瞒着他们看什么好书，就把书"偷"来认真阅读，不经意间，养成了爱读书的习惯。除了"寓教于乐"，他对二子的管教也很严格，以至于晚年苏轼曾梦见小时候没有按时背诵《春秋》，被父亲训诫，吓出一身大汗，并留下诗篇："夜梦嬉游童子如，父师检责惊走书。计功当毕春秋余，今乃始及桓庄初。怛然悸寤心不舒，起坐有如挂钓鱼。"

读万卷书，行万里路。苏洵常带二子走遍名山大川，走访名师高士，还经常进行"同题作文比赛"，以不同视角探讨交流。轮作《六国论》就是一桩美谈，苏轼没有讲述六国为何灭亡，而是阐述了秦国为何成功，最后归结于"养士"二字，明显带有很强功利心；苏辙却认为，六国目光浅显，没有看明白天下大势所在，这也暴露了其太过理想化的性格特点；而苏洵则详细陈述六国衰亡原因，即"弊在赂秦"，为图一时安稳，争先割地，并得出结论，即六国整体实力远强于秦国，但内部不团结，导致被秦国各个击破，并在文章结尾以"苟以天下之大，下而从六国破亡之故事，是又在六国下矣"，[1]影射宋朝送辽"岁币"以求和平，也抨击了政坛内部党同伐异的隐疾。其宏大的格局，深刻的分析，成就了流传至今的名篇。

所谓"学霸"，不仅仅在于博古通今、文章灵秀，更在于古为

---

[1] 曾枣庄、金成礼：《嘉祐集笺注》附录一，上海古籍出版社1993年版，第529页。

今用、胸怀天下。这是苏洵的教导，也是苏轼、苏辙兄弟二人一生的追求。

蜀道上的年轮

蜀道，是古代巴蜀通往汉中、关中的道路，自古以来，往返川陕，几乎都绕不开这条通道。苏轼、苏辙一生中有多次出入蜀地，他们的大喜大悲、得意失意，蜀道皆有见证。

北宋嘉祐元年（1056年），48岁的苏洵带着苏轼和苏辙进京赶考。第一次到东京城，兄弟二人的才华就惊艳了众人，次年同时高中进士。当时，恰逢朝廷对取士制度进行改革，偏重于"策论"，即要求考生就一些问题展开论述，考查考生解决问题的能力。《刑赏忠厚之至论》是当年省试论的题目。苏轼以忠厚立论，援引古仁者施行刑赏以忠厚为本的范例，阐发了儒家的仁政思想。文辞简练，平易晓畅，结构严谨，说理透彻，更是受到主考官欧阳修的赏识。

关于此文，还有一个有趣的故事：宋代的科举考试，为防止出现舞弊，会有专人对考卷卷头信息进行密封（弥封），并对所答文字重新誊抄（誊录），考官阅卷时并不知道答卷人姓名，等确定成绩后，再由专人将编号和考生名字对号入座。相传，欧阳修在看到苏轼所作论后大受震撼，当即想评为第一名，但由于其得意门生曾巩也参加了这次考试，他认为只有自己的学生才写得出这么好的文章，为避免舞弊的嫌疑，就将该文章评为第二名。在中进士后，苏轼去拜访欧阳修，当询问文中"皋陶为士，将杀人。皋陶曰杀之三，尧曰宥之三"的出处时，他回答说出自《三国志·孔融传》。欧阳修马上翻书找出处，仍没找到，于是又问。他立刻背出原文，欧阳修大吃一惊说道："此人可谓善读书，善用书，他日文章必独步天下。"①当然这个故事还有其他版本,真实性已无从考据,但可以肯定的是,此后,欧阳修更加欣赏苏轼,以至于他在给好友梅圣俞的信中感叹道:"读轼书不觉汗出,快哉!快哉!老夫当避路,放他出一头地也。"这就是成语"出人头地"的由来。

苏洵家族墓地苏坟山

正当三苏父子春风得意、欲大展身手之时,一个噩耗从家乡传来:程夫人因操劳过度病故。按照古代礼仪,父母过世,朝廷官员不管官多大,都必须丁忧守制,开缺回原籍,待守孝期满后再申报朝廷,等候补缺。父子三人来不及与恩师、朋友告别,便匆忙离京,返蜀奔丧。他们把程夫人安葬在彭山县安镇乡可龙里(今属东坡区富牛镇),苏洵作《祭亡妻程氏文》,感激她教养二子的辛苦付出:

唯轼与辙,仅存不亡。

咻呴抚摩,既冠既昏。

教以学问,畏其无闻。

昼夜孜孜,孰知子勤?

处理好程夫人的后事,父子三人再次进京。坐船下岷江,过三峡,览物抒情,把沿岸古迹名胜写了个遍。行程结束,三人已作诗歌百首,名之《南行集》。一年半后,在朝廷不定期举行的制科考试中,苏轼"入三等",苏辙"入四等"。《宋史·苏轼传》记载,宋仁宗读过二人试卷后,回到后宫对曹皇后赞叹道:"朕今日为子孙得两宰相矣!"②随后,苏轼开始了人生中第一份工作——签书凤翔府判官,苏辙则未赴任。

---

① 参见丁福保:《历代诗话续编之"诚斋诗话"》,中华书局1983年版,第149页。

② 《宋史·苏轼传》,中华书局2011年版,第10819页。

北宋治平二年（1065年），苏轼妻子王弗因病离世，不久后，苏洵也离世。兄弟二人护送苏洵和王弗的灵柩还乡，在老翁山将父母合葬，同时葬王弗于父母墓之西北。丁忧的两年多里，苏轼亲手栽下三万棵松苗，寄望长青不衰的松树可以代替他陪在至亲身边。"料得年年肠断处，明月夜，短松冈"，这片松林，代表他心中对至亲永远的思念，也成了他宦游四方、贬谪生涯中的乡愁寄托。

北宋熙宁元年（1068年），兄弟二人守孝结束，再次赴京。第二年，宋神宗任用王安石为宰相，推行变法改革，这就是著名的"熙宁变法"，也开启了苏轼、苏辙兄弟二人共进退、同祸福的宦海生涯。

眉山城市夜景

遗构话沧桑

"三苏"文化,是眉山千年传承的精神瑰宝,而记录其人生历程的古建筑,是承载其精神的城市记忆。今天,这些建筑与文脉依然可观可感,让世人走进千年前的"三苏"生活,也让"三苏"走进现代眉山。

眉州八景之首

纱縠行内的三苏祠,自古以来就是"眉州八景"之首。三苏祠房前屋后,茂林修竹,苍翠欲滴,树上累累鸟巢,时闻鸣啭。庭前有一株被黄桷树包裹的老榆树,相传为苏洵所植,院中还有一株两枝交拱的荔枝树,为好友蔡襄送苏轼二次还朝时所种。

踏入祠内,首先映入眼帘的前厅为悬山式屋顶,后面是飨殿,即祭祀"三苏"父子的地方。只见殿上有三尊坐像。苏洵居中,银须飘然,和蔼慈祥;苏轼居右,多胡子,头微仰,左手握卷,一展旷达洒脱的气度;苏辙居左,头发盘绕成书生髻,微俯,双

三苏祠秋景

眉山　千载诗书城

手展卷，表现出儒学雅士的气质。

想当年，这里遍植绿竹、松柏、秋菊，充满温馨、乡野之趣，给幼年的苏轼、苏辙留下了美好回忆，苏轼曾这样描述："吾昔少时所居书室前，有竹柏杂花，丛生满庭，众鸟巢其上"。① 南宋时期，当地官员百姓在故居内供奉"三苏"灵位；后故居被改建为祠堂，专门用于祭祀"三苏"，于明代洪武年间重修。可惜的是，明末的战火硝烟几乎摧毁了三苏祠所有的建造成果，仅存五碑一钟。清康熙年间，眉山知州赵蕙芽在原址上重建三苏祠的主体建筑——飨殿、启贤堂、来凤轩和瑞莲亭。后来又相继修复三苏祠，建造云屿楼、抱月亭等，其整体规划布局和建筑物较为完好地保留至今。清代营建者在重建过程中，融入了当地建筑风格，让三苏祠有了清代川西民居及园林特色，如今正门上方为清代著名书法家何绍基所题的"三苏祠"镏金横匾。民国时期，三苏祠进行维修扩建，新建了采花舫、八风亭、百坡亭廊桥等。

千百年来，三苏祠始终是历代风流雅士、文人墨客凭吊"三苏"的文化圣地，留下了诸多匾额、楹联、题记，而苏门"读书正业、孝慈仁爱、非义不取、为政清廉"的家风精髓，亦留下了父严、母慈、子孝、兄友、弟恭的"苏门印象"，也是苏轼始终为之践行并传递后世的深厚家学：他为官多年，始终以清廉自持，被贬黄州时，甚至过着"问人乞米何曾得"的日子；他曾送给长子苏迈一方砚台，并作铭文"以此进道常若渴，以此求进常若惊，以此治财常思予，以此书狱常思生"教导他清廉为官；在许多诗文中，他向子侄们传授做学问的心得，即为学不要"趋时"，不要只是作为取得功名的手段……

悠悠古祠中，意味深长的匾额和楹联，讲述"三苏"人生轨迹，也为今人留下"人生之问"——苏轼一生，宦海浮沉，有高位殊荣，也有仕途坎坷，还有命悬一线与垂老投荒，但何以保持

---

① 陈迩冬、郭隽杰：《东坡小品》，当代中国出版社2018年版，第96页。

"问汝平生功业，黄州惠州儋州"的乐观？何以成全"一蓑烟雨任平生"的洒脱？何以常怀"西北望，射天狼"的豪迈？答案或许就藏在祠堂正中匾额上的"养气"二字中。养浩然之气，深明大义，仁爱泽民，清廉自守，是千古风流，更是凛然国士。

"远景"如画待君归

宋代官制多为三年一任，即三年期满就要调离。但北宋年间，眉州却有一任知州干了六年，他就是修建了远景楼的黎錞。

北宋治平三年（1066年），宋英宗发问，蜀中有何名士。欧阳修回答，文行有苏洵，经术有黎錞。黎錞自幼苦读经书，素喜研究《春秋》。常与人就"经学"激烈辩论，被称为经学奇才。同年，得到推荐的黎錞被擢为国子监直讲，在人才云集的京师，名噪一时。

后来，黎錞来到眉州任职。好友苏轼听闻经学大家被派去管理自己的故乡，遂作《寄黎眉州》赠予他："治经方笑春秋学，好士今无六一贤。且待渊明赋归去，共将诗酒趁流年。"

"以经术扬名于世"的黎錞在仕途上并未显达，或许与他的性格有关。《东坡志林》记载了这样一则趣闻，传说其"质木迟缓"，被同朝为官的刘攽戏称为"黎檬子"。因不知"黎檬子"系果名，认为只是嘲讽自己。直到一天和人骑马路过集市，遇见一卖黎檬子的人大声叫卖，他才猛然醒悟，为自己的误会捧腹大笑，几至落马。

黎錞的生性木讷只是其性格的一面，其刚正为人更被广泛传颂。到眉州任职后，励精图治，重农桑、减税赋，深得百姓爱戴。任职期满，万人请愿，要留下黎知州。此事报到朝廷，朝廷调查其政绩后，破例让他又做了三年眉州知州。

远景楼

或许是感念百姓的挽留，抑或是想在深爱的土地上留些印记，黎錞拿出积蓄，又号召军民士绅捐助，着手兴建远景楼。他将此楼选址定于官衙后门的环湖旁，环湖不大，却在春天杨柳依依，夏季荷花吐艳，充满诗情画意。修建此楼，既为如画的环湖增添一景，也方便百姓登高望远。

几年后，一座二楼三层挑檐的精致木楼竣工。楼修好了，请谁来题记又成了问题。黎錞左思右想，觉得名满天下、又是眉州人的苏轼最合适为此楼题记，当即修书一封。第二年开春，苏轼派人将亲笔书写的《眉州远景楼记》一文送回眉州。文中结尾写道："若夫登临览观之乐，山川风物之美，轼将归老于故丘，布衣幅巾，从邦君于其上，酒酣乐作，援笔而赋之，以颂黎侯之遗爱，尚未晚也。"[①] 大意为，有朝一日我回到故乡，还要登上此楼，喝酒作乐，提笔作赋，以颂扬黎民的遗爱，为时不晚。

从此，远景楼闻名遐迩，当时竟可与岳阳楼、黄鹤楼、滕王阁相媲美，但因木质结构易被损毁难以长期留存。明末，远景楼毁于战火。清乾隆年间，知州蔡宗建重建远景楼，可惜没过多久，再次被毁。后来，眉山市采用典型的宋代塔楼建筑风格使其重现，如今登楼望远，湖光山色尽收眼底。

苏轼再也没有回到故乡，但想必早已登上了自己心中的那座远景楼。

[①] 《苏轼文集》卷11，中华书局1986年版，第353—354页。

黄冈
千古风流赤壁

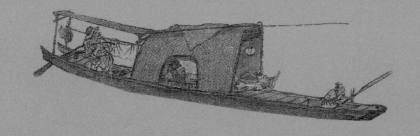

夏珪《雪堂客话图》

"遗爱"散落黄州城

黄冈，古称黄州，从西晋惠帝置西阳国，东晋咸和四年（329年）建西阳郡起，作为省县之间的一级行政区，已有近1700年的历史。作为苏轼被贬流放之地，此地流传了许多"东坡故事"。正如林语堂所说："一提到苏东坡，中国人总是亲切而温暖地会心一笑"，① 黄冈人尤其如此。

"生于忧患"之城

黄冈，位于湖北东部，长江中游北岸，地处江汉文化区和江淮文化区交汇地带。相传大禹治水时期在此筑土城，名曰"禹王城"。春秋战国时期，越、楚两国交替控制此地，并最终由楚国建立"邾城"。三国时期，黄冈又成为吴国和魏国交界地，而在当年的大别山地区，还有许多当地原住民族分布，被称为"西阳蛮"或"五水蛮"。东晋咸康五年（339年），爆发于十六国后赵政权与东晋之间的邾城之战，将原有城池摧毁殆尽。而后，附近的西阳

---

① 《林语堂全集：苏东坡传》，东北师范大学出版社1994年版，第2页。

黄冈遗爱湖公园

城取代邾城，成为江淮战略重镇，又在南北朝时期得名黄州，并于南北两朝间反复易主。

和诸多历史上享誉盛名的繁华都邑不同，黄州城诞生于动荡年代，城址几经迁移，又经历多次战火劫难，导致人烟稀少，经济落后，直到隋朝建立才开始安定。唐代乾符年间，王仙芝的农民起义军两次围攻黄州，后又遭黄巢军队劫掠，州城被夷为荒丘。北宋初年，黄州重建，依山滨江，北高南低，为防江水倒灌，许多建筑被修建在西北方的山岗上，因此宋人也称其为"山城"。

当时，全国多数州县按照军政重要程度和户数多少划分为"望、紧、上、中、下"五等。黄州城小人稀，经济极不发达，属于下州，甚至没有完整的城墙，残存城垣断断续续，有的地方仅以藩篱围护，正如张耒在《明道杂志》中所言："黄之陋特甚，名为州而无城郭，西以江为固，其三隅略有垣壁，间为藩篱。"①

---

① 张耒：《明道杂志》，商务印书馆1939年版，第12页。

山高地远、遗世独立的黄州,即将迎来一位特殊的客人。正是这次冥冥之中的安排,让一位奇人因小城而闻名,也让名不见经传的小城因这位奇人而流芳。

"命悬一线"的长夜

北宋元丰二年(1079年),时任御史中丞的李定率御史舒亶、何正臣等人弹劾苏轼,奏其在任湖州知州时的谢恩表中讥讽朝政,之后又列举他大量文章以佐证。此案由御史台官员首先告发,后将苏轼押送御史台狱受审。据《汉书》记载,御史台中有柏树,数千只乌鸦聚集其上,故御史台又称"乌台","乌台诗案"由此得名。

北宋熙宁二年(1069年),宋神宗赵顼任用王安石为副宰相,主持变法改革。苏轼与以王安石为代表的变法派政见不和,也不完全附和以司马光为代表的保守派,因此,在变法与保守两派势力的斗争中,苏轼在朝中举步维艰、孤立无援。

事实上,苏轼可被视为"温和改革派",其政治主张偏向循序渐进、中正平和、不疾不徐,倡导"渐变"而非"突变",这与王安石暴风骤雨般的改革举措完全不同。但此次变法并非只是王安石一派的主张,宋神宗才是最大的支持者。

元赵孟頫绘苏轼像

皇帝的急切和变法派的独断，让他屡屡上书，就经济、军事及变法本身，提出自己的见解，但无法扭转大局。变法开始后不久，他的老师与伯乐欧阳修和变法派主要反对力量司马光都选择辞官退隐或离京任职，形单影只的他只得自请外调，于北宋熙宁四年（1071年）任杭州通判，后又分别担任多地知州。

在此期间，苏轼看到了许多新法执行过程中产生的弊端，比如，青苗法颁布后，在农民日子比较困苦时，官府会提供钱粮，但这不是无偿的，而是给农民强制发放"贷款"，穷苦百姓还不起"贷款"，生活更加困苦。在密州任职时，他就亲眼看到一些百姓因不堪重负而沦为盗贼。种种弊端，让他经常以发表评议的方式表达不满，也希望引起朝廷重视，直到调任湖州时，向宋神宗上谢恩表，其中有一句写道"知其愚不适时，难以追陪新进；察其老不生事，或能牧养小民。"[①] 大意为：我在朝廷施展不开身手，在地方或许还能为老百姓做点实事。这就是著名的《湖州谢上表》，也成为乌台诗案导火索。

一句"牢骚"，在政敌看来，却是苏轼讽刺朝廷"不做实事"。而后，他们也将其更多诗作加以"解读"，比如，《山村五绝·其四》一诗："杖藜裹饭去匆匆，过眼青钱转手空。赢得儿童语音好，一年强半在城中。"分明是讽刺新法推行后，农民没有得到实惠，所贷青苗钱很快花光殆尽，一年中有半年都住在城里，甚至让孩子连城里口音都学会了；又比如，在他写给钱塘秀才王复的诗《王复秀才所居双桧二首》中，以"根到九泉无曲处，世间惟有蛰龙知"来赞美两棵桧树威武不屈、刚正不阿的高风亮节，但却成为他"不求真龙，却要到地底寻龙"的"大逆不道"。

罪名坐实，苏轼被囚禁于乌台，同在狱中受审的苏颂有诗"却怜比户吴兴守，诟辱通宵不忍闻"，证明苏轼曾遭到通宵辱骂逼供。彼时有人欲置其于死地，但昔日政敌王安石却上书皇帝说：

---

① 《苏轼文集》卷23，中华书局1986年版，第653页。

"岂有圣世而杀才士者乎"[1]——此语出自于宋太祖立下的誓碑,意思是不得滥杀士大夫与上书言事之人,这也是宋代朝廷一直遵循的"祖宗之法"。

在狱中度过了100多个日夜后,苏轼等来了最终判决——贬为黄州团练副使,且不得擅离黄州,也不得签署公文。此后不久,"熙宁变法"也以失败告终。纵观历史,中国古代变法依赖"明君贤臣",并不会改变社会财富被统治阶层所占有的事实,而儒家思想千百年来的洗礼也成为某种意义上的桎梏。封建"高墙"不破,所谓变法只能是"镜中花、水中月"。

走出乌台,苏轼即将走进人生转折点黄州。从繁华东京到偏远小城,从名满天下到戴罪之身,巨大的落差,让他写下"自笑平生为口忙,老来事业转荒唐。"等待他的,有山水和竹林,还有挚友与诗情。

"天下第三行书"问世

自我来黄州,已过三寒食。

年年欲惜春,春去不容惜……

短短17行、129字的一篇《黄州寒食诗帖》,写满了苍凉,却惊艳了千年。被贬到黄州的苏轼,意志消沉、生活落魄,对人生感慨万千。在被贬第三年的寒食节,他触景生情、有感而发,将自己的惆怅、孤独、落寞赋成诗,并放笔挥毫成书。

这幅法帖,笔势跌宕起伏、气势奔放,毫无荒率之笔,在书法史上地位很高,被称为继王羲之《兰亭序》、颜真卿《祭侄文稿》后的"天下第三行书"。值得一提的是,在法帖写就后不久,与苏东坡亦师亦友的黄庭坚又作了《题苏轼寒食帖跋》,并在跋中这样描述:"试使东坡复为之,未必及此,它日东坡或见此书,应

---

[1] 王新龙:《大宋王朝》,中国戏剧出版社2009年版,第146页。

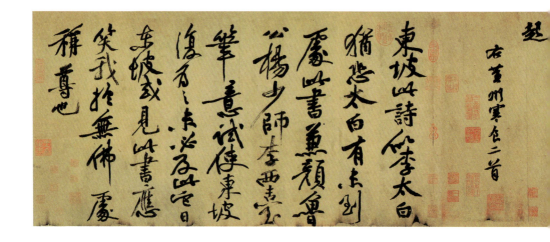

寒食帖

笑我于无佛处称尊也"。此言将苏东坡比为"佛",既肯定其书法造诣,又自谦不如东坡,还想于"无佛"处称尊,无不体现着文人朋友间的幽默洒脱与惺惺相惜。其实,黄庭坚也是与苏东坡齐名的大书法家,他所书的《廉颇蔺相如列传》,亦被视为宋代草书的一座丰碑。

苏轼被贬黄州的几年,生活上是艰辛而寂寞的。首先要面对的难题是住房问题:按当时规定,谪官没有官舍,因此,初到黄州时,他只能暂居定慧院。因曾入狱百余日而逃出生天惊魂未定,只有到了夜晚,才独自出门遛遛。在《卜算子·黄州定慧院寓居作》中,他这样描述当时的处境:"缺月挂疏桐,漏断人初静。时见幽人独往来,缥缈孤鸿影。"甚至在沐浴时,想到的也是"岂惟忘净秽,兼以洗荣辱"。

第二个难题是吃饭问题:北宋元丰三年(1080年)五月,苏轼一家迁居临皋亭,这里是一处驿馆,但按规定,谪官也没有俸

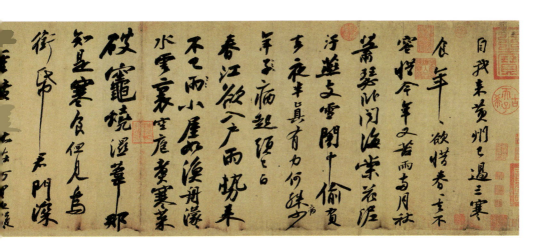

禄,只有一份微薄的实物配给。朋友实在看不过,便请求黄州知州徐君猷把府治东面一块 50 亩的旧营地给他耕种。苏轼带着家人拣瓦砾、松泥土、整畦沟、挖水渠,日复一日地开垦。自己动手,丰衣足食。因为躬耕在东坡,遂取号"东坡居士"。他在东坡一侧的废园建起房屋,由于是在白雪纷飞中竣工的,便命名为"雪堂",并在四壁绘上雪景,聊以自慰。

生活虽清贫却并非完全无趣味。看到种的小麦长势喜人,苏轼内心十分愉悦。但有经验的农夫告诉他麦苗疯长可不是好事,要赶快想办法救治,否则到时只能收获麦草。他顿时惊慌,急忙求教。农夫让他到李羊倌家,把牛羊赶到地里吃麦苗。他照做了,待麦子熟时,收成果然不错。喜悦之余,他写下《东坡八首》记录此事。

黄州是苏轼人生的低谷,也是其文心的迸发地。长江两岸有两个赤壁,一个是蒲圻赤壁,一个是黄州赤壁。前者因赤壁之战而闻名,后者因苏轼题诗而传世。在游览黄州赤壁时,他误以为到了三国赤壁大战遗址，兴之所至写下《前赤壁赋》《后赤壁赋》，后又多次到此地游玩，留下《念奴娇·赤壁怀古》等佳作。又一日与朋友出游时忽降大雨，朋友深感狼狈，他则泰然处之，并写就了《定风波·莫听穿林打叶声》。这些名篇境界宏大、气势恢宏，表达对人生的旷达通透，充满着蓬勃向上之力，既成就了"东坡赤壁"，也让黄州大雨中的"也无风雨也无晴"引发千百年来世人对生活的共鸣，均成为宋词豪放派的代表作。

人是复杂的，往往都有两面性。苏东坡也是这样，从政治主张看，其有固执的一面，由于不满激进的变法，遭受贬谪；但从文心品性看，他却是自由洒逸的，充满了生命的张力。回望他的一生，成就他的，不仅是家学、天赋，更有人生的境遇，不经历落寞和失意，或许就写不出如此洞彻心弦的辞章。

黄冈东坡赤壁的二赋堂

失意与诗意

或许是机缘巧合，或许是由于其偏远落后，古代黄州成为不少政治失意人的一个归所，很多才华横溢的俊彦贤达从繁盛之地被贬至此地。但其后的事实表明，无论是对于这些人或是这座城，这都是一种双向奔赴、互不辜负，真可谓失意成就诗意。

"流量明星"的另一面

如果苏东坡活在今天，一定是"流量明星"。在黄冈，我们看到了他的另一面。美食，就是他送给这座城市的一份特殊礼物。

北宋时期，黄州僻陋，城民多是农夫、渔夫、樵夫，饮食并不讲究。但黄州人会养猪，长得又大又肥，这从民谣"黄州有三宝，烂砖砌墙墙不倒，稻草系猪猪不跑，细伢读书都说好"中可见一斑。

谪居黄州期间，相传有一日，他在街市上闲逛，发现猪肉肥美，肉价便宜，便买了一些回家，借鉴当地人焖炖鸡的做法，洗净后放在焖罐子里，用炭灰火焖炖。饿的时候，打一碗吃，既充饥又美味。当要炖的分量大时，就改用生铁铞子焖炖，味道也是异常鲜美。

后来，他把这种焖炖猪肉的做法，告诉了隔壁邻居和街市上的饭馆，慢慢便传开了。一时间，家家户户都学着做，并把这道美食称为"东坡肉"。在某种程度上，这也改变了北宋时期重食羊肉、轻食猪肉的习惯。

"净洗铛，少著水，柴头罨烟焰不起。待他自熟莫催他，火候足时他自美。黄州好猪肉，价贱如泥土。贵者不肯吃，贫者不解煮。早晨起来打两碗，饱得自家君莫管。"这是苏东坡专门写的

黄冈东坡赤壁景区赤壁矶头全景

《猪肉颂》，看似调侃自己焖炖猪肉之事，实则道出了他对人生的领悟——贬谪生活，诗词不敢多作，书信不敢多写，话不敢多说，为官没有实权，但却能成为一个好厨师；不仅自己要做，还要编成菜谱传给大家一起做，就连菜谱也可以写得文采斐然。耐人寻味的是，也正是这些菜谱，竟流传下很多"东坡名菜"，比如，东坡玉糁羹、东坡酱菜等。

"去而人思之，此之谓'遗爱'。"这句话出自苏东坡的《遗爱亭记》。黄州知州徐君猷有仁政之风，苏轼将安国寺中两人常游之亭命名为遗爱亭以表纪念，并代表巢谷作记。千年后，昔日东坡誉徐君猷之名句，却成了黄冈人怀念东坡本人的注脚。

黄冈　千古风流赤壁

的确，黄州成就了"吃货东坡"，也锻造了"豁达东坡"。在艰难处境中，用劳作和美食转移心境，是在逆境中寻找快乐，也是对命运的一种抗争。乐观的心态毕竟是固本培元的"良药"，而真正乐在其中时，便是"超然"。

梦叹栖霞楼

"不登栖霞楼，枉到赤壁游。"这是流传在黄州民间的一句谚语。千百年来，文人墨客来黄州必登此楼，均陶醉于壮丽美景，留下了不少诗词佳句。"绝"是文人挥洒墨香时，对栖霞楼的评价。拾级而上，俯览滔滔江水，王象之盛赞栖霞楼：轩豁爽垲，坐揖江山之胜，为一郡奇绝。许端夫也感叹：在郡城最高处，江淮绝境也。

北宋时，知州闾丘孝终在赤壁之巅修建了栖霞楼。落日时，登顶远眺，俯瞰整座城池，晚霞染红大江，照映楼身，如霞归栖。正如范成大在《吴船录》中所说："晴霞亘天末，并染川流。醺黄酣紫，照映下上，盖日日如此，命名有旨也。"①

据记载，谪居黄州时，苏轼与历任知州都建立了深厚的友谊。栖霞楼便是他与徐君猷交往的见证地，正如其在《醉蓬莱》中所写："余谪居黄，三见重九，每岁与太守徐君猷会于栖霞楼……"其时的苏轼"人皆畏避，惧其累己"，但徐君猷来此主政后，非但没有将他打入另册，反而仰慕其才华，由此，二人遂成朋友。

除了徐君猷，苏东坡在黄州的"朋友圈"中，最著名的当属前知州闾丘孝终了。北宋元丰五年（1082年），他在临皋亭曾梦见自己与客人乘舟渡江，当船至中流回头张望时，突然发现栖霞楼中歌乐之声交织。同船有人说这是知州闾丘孝终正在会客。随之，他从梦中醒来，便怀念起这位挚友，乘兴填了一首《水龙

---

① 孔凡礼：《范成大笔记六种点校》，中华书局2002年版，第238页。

栖霞楼

吟·黄州梦过栖霞楼》,"料多情梦里,端来见我,也参差是",这是他在孤寂中的浪漫幻想,也是借梦境来排解内心长久以来的矛盾和积郁。

实际上,苏轼来黄州时,闾丘孝终已经辞官回苏州,其修建的栖霞楼便成为一个思友之处。后来,苏轼自请前往杭州任通判。继而,他常往来于苏杭,曾感叹:苏有二丘,不到虎丘,即到闾丘。原来,闾丘坊巷因闾丘孝终居此而得名,故苏轼常来此和他诗酒唱和。

斗转星移,岁月更迭,栖霞楼屡毁屡建,但被锦绣文采浸染的灵动与轩昂却巍然屹立。登上今日栖霞楼远眺,云霞如火似金,玉带般的长江奔流东去。近千年前,蹉跎岁月中的苏东坡或许就面对如此胜景,放声吟唱:"大江东去,浪淘尽,千古风流人物……"

"下州"向上

在黄州建城史上,有个人十分重要、值得铭记,就是王禹偁,他也被称为黄州宋城之父、王黄州。

王禹偁是北宋第一位被贬至黄州的名臣。本来,宋真宗赵恒继位后,为显示新朝气象,把已有两次被贬经历的王禹偁调回朝廷任知制诰,编撰《太祖实录》。但他秉笔直书,不加避讳记录了宋太祖的"隐私",还得罪了当时的宰相张齐贤,于是又被贬为黄州知州。

昔日"下州"黄州，城中凋敝，城垣破陋不堪，"雉堞圮毁，蓁莽荒秽"。到了黄州后，王禹偁组织修缮城垣，重修文宣王庙和月波楼，建造无愠斋、睡足庵等建筑，并用楠竹在已毁的城墙西北角——赤壁山上建起两间小竹楼，还写下名篇《黄州新建小竹楼记》。可见，屡遭宦海沉浮的王禹偁并未因被贬而心灰意

王禹偁画像

冷，反而有了"听雨如瀑"的从容和"岂惧竹楼之易朽乎"的自信。得之泰然、失之坦然，黄州新建小竹楼既是他自由心灵的栖息之所，又是他高尚人格和美好理想的化身。

黄州盛产竹子，粗大如橡。当地竹匠剖开它，削去竹节，制作成竹瓦，用来代替陶瓦。建筑材料可就地取材，也不过度耗费人工，且在遮风避雨、结实耐用的同时，还可走上楼去观山水、听急雨、赏密雪，亦可鼓琴、咏诗、下棋、投壶……这完全是王禹偁心中的"好房子"，以至于他把黄州竹楼写得如此意趣盎然、赏心悦目，进而还抒发了高洁的旨趣和人格，甚或与欧阳修的《醉翁亭记》相媲美。

长江主泓道在黄州一侧，沿江九里十三矶，江流湍急，惊涛拍岸。北宋明道年间，夏竦为解决民众水陆交通不便之苦，发动军民凿江嘴、掘水道，因此得名"夏澳"。自此，舟楫往来便利，商客络绎不绝，城区商贸生意兴隆，一度出现"客樯朝集暮四散，夷言啁哳来湖湘"的繁华景象。

到了南宋，黄州知州孟珙因军事需要，又组织军民力量，重

新修葺了城墙，开浚了壕沟，黄州城进一步扩大规模，同时，城内文化教育日盛，特别是建于南宋宝祐年间的河东书院声誉甚隆，可跻身南宋最有名声的书院之列。

两宋时期的"重文抑武"，让因种种原因获罪的文臣有了更多自谏机会，也产生了大量"谪官"，正如王禹偁、苏轼、夏竦等人。其政治生涯之不幸，成就黄州之幸，使此地经济繁荣、文教昌盛，为后世跃升为"郡属富盛，甲科赫奕"的"上州"奠定了坚实基础。

明代仇英《赤壁图》

黄冈　千古风流赤壁

潮州
岭东首邑领新潮

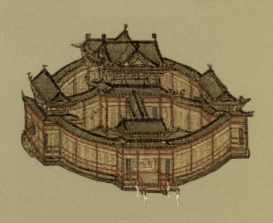

燕文贵《江干雪霁图》

一座城的三个侧影

潮州之名,始于隋开皇十一年(591年),取"潮流往复"之意。从秦始皇三十三年(公元前214年)在岭南置南海郡,历经朝代更替,至今仍保持着明清"外曲内方,四横三纵"的历史空间格局。

金山峙其北,笔架山列其东,葫芦山卧其西,川流不息的韩江水绕古城南流。古往今来,这里均为历代郡、州、路、府、道的治所,到了宋代更是商贾发达、文脉连绵,被誉为"岭海名邦""岭东首邑"。

韩山韩水念韩公

"潮之州,大海在其南。鲸、鹏之大,虾、蟹之细,无不容归……"[①] 韩愈描绘古潮州的名篇脍炙人口。北宋咸平二年(999年),潮州人兴建了有史以来的第一座祠堂,用以纪念百年前在此任职的韩愈。时至今日,韩文公祠依旧巍然耸立在韩江之畔、韩

---

① 屈守元、常思春:《韩愈全集校注》,四川大学出版社1996年版,第2318页。

山之麓，传颂着"八月治潮"的美谈。

唐元和十四年（819年），潮州迎来了一位重要人物韩愈。这一年，已过天命之年的他因谏迎佛骨被贬为潮州刺史，由高居庙堂一下跌到了蛮荒海隅。

身处命运低谷的韩愈一上任便面对着恶溪与鳄患："恶溪瘴毒聚，雷电常汹汹。鳄鱼大于船，牙眼怖杀侬。"[①]韩愈对此早已耳闻。当地人多崇信鬼神，虽深受鳄鱼荼毒却仍心存敬畏。

为了消除民众的畏惧感，他决定"先祭而后杀"，遂作《祭鳄鱼文》，并"令判官秦济炮一豚一羊，投之湫水，咒之"，然后带领民众捕杀鳄鱼。相传，祭文念罢，溪水中暴风雷起，数日之后，溪水向西移徙了足足60里，鳄患就此消除。这个故事或带有神话色彩，但治理鳄患确为韩愈一大功绩。

韩文公祠

---

① 屈守元、常思春：《韩愈全集校注》，四川大学出版社1996年版，第768页。

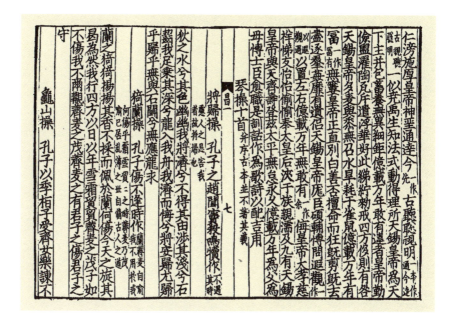

宋版《昌黎先生文集》

　　鳄害刚除，韩愈又投入延师兴学的行动中。其时的潮州"官吏不教""后生不学"，百余年来无人考取功名。他对此深感忧虑，便开始大力兴学育才，甚至把俸禄全数捐出，还启用当地贤士赵德。韩愈离任后，赵德接过授业大旗，让文教事业得以薪火相传。唐朝时，潮州进士只有3人，到了宋朝，陡增至170余名，南宋陈余庆在《重修州学记》中说："爰自昌黎文公，以儒学兴化，故其风声气习，传之益久而益光大。"①

　　驱鳄除害、延师兴学……虽然韩愈治潮时间很短，却对潮州产生了深远影响。为了感谢他，人们将恶溪改名为"韩江"，将笔架山改名为"韩山"。因为他的教化治民，让潮州加快发展进程，并逐渐成为岭东地区政治、经济、文化中心。正如韩文公祠的一副楹联所言：

---

① 黄挺、马明达：《潮汕金石文征（宋元卷）》，广东人民出版社1999年版，第102页。

辟佛累千言，雪冷蓝关，从此儒风开海峤；

到官才八月，潮平鳄渚，于今香火遍瀛州。

历史中的一瞬间，成就了另一种意义的永恒：一代代潮州人"以韩为师"，让"吾潮导师"成为这座城市不灭的印记。

天堑变通途

如果说韩文公祠是潮州的文化圣地，广济桥便是精神坐标。这座桥见证潮州古今之变，也是海内外潮州人回忆家乡时往往最先浮现的意象。

广济桥横跨于韩江之上。这条从武夷山发源的河流，自北向南流经潮州，处于古代闽粤交通要津。自古以来，人们就期盼着在江上修起桥梁，连接两岸，方便往来。

广济桥

南宋乾道年间，知州曾汪借鉴家乡泉州"洛阳桥"的造桥经验，以木船架设浮桥，取名"济川桥"，结束两岸相望历史的同时，也开启了历任知府知州接力修桥的序章。明宣德年间，知府王源对桥体进行大修并更名为"广济桥"，寓意"广济百粤之民"。其后，逐步形成了"十八梭船廿四洲"的完整格局。

修建周期如此之久，是因为韩江流量变化很大，且风急浪猛，按常规建造桥墩，会使中流更加凶险。为此，在广济桥中间一段，用十八只梭船连在一起形成浮桥，既减轻洪流压力，又可供通行，当江水暴涨时，打开浮桥溢流，还可保护梁桥、疏通航道。

潮州盐业资源十分丰富，在盐运的带动下，广济桥成了货物转运枢纽。各地盐商来此买盐时，带了很多家乡特产前来售卖。走到桥上，亭台楼阁商铺林立，形成了"一里长桥一里市"的繁荣景象。

翻阅广济桥史，因天灾人祸造成的桥体损坏，有史可查的重修重建多达20余次，凝聚了不同时期劳动人民的匠心和智慧。立在广济桥上的一座牌坊，就讲述了一个官民同心修桥的故事。

清道光年间，韩江洪水泛滥，导致九个桥墩遭受不同程度的破坏，"镇水"的两头铁牛也被冲走一只，两岸百姓出行受到严重影响。为让百姓安全渡江，知府吴均重修广济桥，他离任后，继任者刘浔继续担起重任。因工程浩大，历经数年才彻底竣工。为了纪念二人，百姓集资在桥上立了牌坊，并镌刻了"民不能忘"四字。

桥连通道路，也连接民心。自古以来，为政之要在于民心向背，背则驰，向则心心念之，正如今天依然静静矗立的古桥，亦如连通古今、传颂至今的故事。

山坡里藏繁华

　　见证潮州繁荣的岁月里，广济桥上往来的除了盐商，还有陶瓷商人。北宋时期，潮州陶瓷生产陡然发展，不仅规模大、工艺精、档次高，还远销海内外，成为海上贸易的重要商品之一。人们认识到潮州制瓷的辉煌，源于笔架山附近的一次偶然发现。

　　百多年前，当地驻军在挖战壕时发现一个小石室，石室中竟藏着四尊青白釉释迦牟尼佛像。佛像发髻挽起，髻前饰一粒白色明珠，身着袈裟，右手抬在胸前，盘腿坐在须弥座上。其线条流畅优美，造像端庄隽秀，形态生动传神，制作工艺极为高超。此后，研究人员在笔架山陆续发掘整理出 12 座宋窑遗址，出土的陶瓷器数以万计。

潮州古城

时间回到宋朝，笔架山又称"百窑村"，"有窑九十九条，窑长二丈八尺"，鳞次栉比，可容纳几十万件瓷器同时烧制。陶瓷规模化生产的背后离不开窑炉技术的升级。笔架山窑均为长条形斜坡式龙窑，依山势而建，长度多在30米左右。建窑时，在山坡上挖一长条形深沟，自下而上。窑室前端设有火厢，其下端有一排火孔，燃烧时火焰经火孔进入窑室。这一做法有利于控制炉温，还能在提高烧制质量的同时节省燃料。

当时，潮州发达的制瓷业形成"沿江十里，烟火相望"的盛景。洋人像、哈巴狗、摩羯鱼壶等异域风情的陶瓷制品烧制好后，经韩江转运出海，源源不断地销往日本、东南亚甚至更遥远的地区，见证了海上丝绸之路的繁盛。宋朝之后，笔架山窑逐渐转向衰落，直到昔日窑址被发现，让这千年名窑和精美瓷器重新绽放光彩。

一人、一桥、一山，是潮州古城历史文化底蕴的三个侧影，从中绵延出潮州人一脉相承的情感和记忆，浸润着古城的过往与今朝，也成为潮汕文化与岭南文化的枝干与繁叶。

潮居建筑尽风流

潮州古城有着700多条纵横有序的街巷和随处可见的古民居、古牌坊、古府第。这些古建筑在吸收中原先进技术和文化的基础上，与当地文化融合，逐渐形成了鲜明的本土文化特色。它们宛若一座座千姿百态的山峦，不断唤起人们对潮州文化的共鸣。

成就驸马府的匠心

北宋时期，许氏是潮州的名门望族。许珏的曾祖许申，为唐宋"潮州八贤"之一，官至刑部郎中。出生在官宦世家的许珏天资聪慧，娴韬略而精易理，曾官左班殿直，娶宋太宗曾孙女德安县主为妻。

后来，许珏回乡重修老宅，人们也将其府邸尊称为"驸马府"。府第里最令人叹为观止的当属"三宝"：排水系统、石地栿、竹编灰壁。

依照潮汕地区风俗，水即为"财"。为了"聚财集财"，驸马府的排水系统非常讲究，"一不穿房，二不穿廊"，形成了"S"形的排水走势。从大门至正厅、后厅、后座，高差1米多，寓意"步步高升"，千年来也从未堵塞。

再说石地栿。地栿位于柱子与地面之间，起到连接和支撑的作用。驸马府里的地栿皆为石制，是宋代匠人根据多雨、潮湿的气候特点，专门为府第量身定制的。不仅可以防止白蚁虫害侵蚀，保护木材，而且可以充当地基，使各方受力均匀，增强建筑抗震能力。

竹编灰壁则是指一种砌墙方式，和传统的房屋墙壁用到夯土和砖块不同，它用的是竹编，然后在竹编上涂抹一层泥土和贝壳研磨的灰，最后再敷上一层纸。这种"超轻质墙"厚度只有两三厘米，既省工俭料，又隔热隔音。

鲜衣怒马难抵世事沧桑。许珏最终被谪儋州，家族没落、族人四散，驸马府也数易其手。民国三年，许氏族人将驸马府赎回，重振门庭，大门旁又贴上了"相国门第，驸马家风"的门联。至今，府第仍保留着原有的格局和建筑风格，被誉为"国内罕见的宋代府第建筑"。

不一样的表扬奖

牌坊是古代地方经济文化发达的标志。坊之多而知风化之美，巷之多而知民居之密，坊与巷俱以多为贵。宋代以来，潮州古城人才辈出，人文荟萃。为褒扬先贤政绩、激励后人，人们建了很多牌坊。最多时，全城牌坊有500多座，仅太平路上便有40余座，这条街也被誉为"牌坊街"。

牌坊街

广济门城楼

  牌坊街南端，矗立着一座为纪念十位宰相而建的"十相留声"坊。这十位宰相，跨越唐宋500年。其中，"宋末三杰"——文天祥、陆秀夫、张世杰，更是家喻户晓的人物。在烽烟四起的宋元交替之际，潮州府是南宋朝廷坚守到最后的州城，也留下了"三杰"可歌可泣的英雄事迹。

  覆琉璃黄瓦，点缀潮州嵌瓷，榜眼·秋台坊在一众牌坊中显得尤为绚丽。坊主王大宝为宋代岭南名臣、"潮州八贤"之一，也是宋代岭南唯一的榜眼。南宋绍兴年间，王大宝担任右谏议大夫，先后弹劾过多位贪官污吏，其中包括三位宰辅高官，朝野为之震动，给他起了个"王老虎"的外号。

  民间还流传着一个有关他的故事。在封建王朝，各州、府、县每年都要把最好的土特产上贡皇帝。宋代潮州出产番薯，但官府每年要征收百担，且因交通不便，从潮州将薯运抵临安要跨过福建、江西、浙江三个地区，行程数千里，大量耗费人力物力，百姓苦不堪言，王大宝当官之后想方设法免除这项负担。他故意拿了一些与潮州薯形似的苦涩薯类，以地方特产的名义进贡。皇帝刚吃一口，便连连摆手，当场颁下圣旨："潮州薯免荐！"[①] 就此，潮州百姓再也无须承担进贡的任务了。潮州有俗语"今年番薯唔比旧年芋"，意思是事物在不断变化中，不能用老眼光看待新事物。今天的潮州，有诸如薯粉粿、浮番薯、潮州油果等多种用潮州薯制作的特色小吃。在品尝这些美食的时候，"潮州薯免荐"的典故仍被人们津津乐道。当生产这种作物不再是人民的负担，其本真才更显价值——造福一方百姓，并在不断创新中满足代代潮州人的味蕾。

一座牌坊，是一个人的故事，也折射一段历史。古城林立的牌坊，仿佛连通古今的时光隧道，从中可以窥探古人的精神世界，并使之沁润今日的现实生活。

古寨飘书香

在牌坊街众多牌坊中，有39座乡贤坊，其中6座为龙湖先贤而立。龙湖是古潮州的重要商埠，也是人才辈出的"风水宝地"。

龙湖古寨始建于南宋时期，因东临韩江、西面池塘环绕而得名"塘湖"。至明嘉靖年间，古人按"九宫八卦"格局营建，形成"三街六巷"的工整格局，由于主街形似龙脊，当地人为聚集龙气，遂改名为"龙湖"。

得益于地处韩江出海口的特殊地理位置，很长一段时间内，龙湖古寨的贸易额、物资吞吐量仅次于潮州府城，也让望族聚居、富商云集，成为潮汕平原显赫一时的商业重镇。

繁荣的商业贸易为当地的人文昌盛提供了物质支撑。宋代时，注重文化教育的富家大户在房舍中设立书斋，聘请学识好的先生

---

① 洪仁平：《岭东民间传说（第一集）》，开明出版社1990年版，第15页。

教授自家的子弟，俗称"一位先生教一个弟子"。至明清时期，书斋迅速发展，既有富户人家设立的，也有以宗族名义创办的。全盛时，全寨书斋数量不少于30处，文风盛极。

历史上，据《潮州府志》和《海阳县志》所载，可考的进士、举人出了近70位，潮州地区唯一的探花姚宏中就出自这里。功成名就之后，他们往往会返回古寨修筑祠堂、营造府第、构建书斋，因此，龙湖古寨又以"潮居典范，祠第千家，书香万代"闻名于世。"方伯第"屋檐上的嵌瓷栩栩如生、"许氏宗祠"的三进格局峰回路转、"黄氏宗祠"的木雕灵气万千……千家祠第，千种风格，是这里的又一种特色。它们汇集宋、明、清及民国各时期的建筑风格，融入了外来的建筑艺术和我国宫殿建筑文化，集中展现着木雕、石雕、贝雕、嵌瓷、彩绘、灰塑等潮汕民居工艺的精华。

儒雅精致、开拓创新，这是潮州文化内核，从中生长出崇文重商的文化枝干，并结出潮州人坚韧乐观的精神硕果。开商埠、下南洋、走世界，古往今来，潮州人向海而生、向海而进，让其"乡音"传遍寰宇，也让其文脉超脱地理人文，成为团结的纽带和前进的动力。

惠州
不辞长作岭南人

刘松年《秋窗读易图》

半城山色半城湖

惠州，有2200多年的建置史、1400多年的建城史，古时即有"岭南名郡""粤东门户"之称。秦始皇三十三年（公元前214年）置傅罗县，五代南汉乾亨元年（917年）为祯州治所，北宋天禧四年（1020年），宋真宗赵恒为避太子赵祯名讳，将祯州改名"惠州"。自此，惠州一名沿袭千年。

罗浮巍巍，东江淼淼。惠州西靠罗浮山，东江和西枝江在这里交汇。百里东江，自古是黄金水道，渔盐酒茗，集于一市，为惠州的经济贸易提供了"地利"。至宋代，此地已成为岭南地区最繁华的城市之一。正如北宋诗人唐庚在《西溪》诗中所云："百里源流千里势，惠州城下有江南。"

"鹅城"的来历

今天，人们经常用"鹅城"来代指惠州，而这一名称的流传可追溯到北宋绍圣三年（1096年）。苏东坡被贬惠州后在白鹤峰

惠州山水格局

购地建屋，新屋上梁时他写就《白鹤新居上梁文》云："鹅城万室，错居二水之间；鹤观一峰，独立千岩之上。海山浮动而出没，仙圣飞腾而往来。"新屋建成仅两个月，他再贬海南，离惠时作《惠州李氏潜珍阁铭》又言："蔚鹅城之南麓，擢仙李之芳根。"自此，"鹅城"这一别称经其诗文的传播不胫而走。①

实际上，这一别称并非苏东坡所取，而是与一座形似飞鹅的山有关。在惠州西湖之畔，有一座高70多米的小山坡，树木蓊郁，山脉翔蠹，形似飞鹅展翅，因而得名"飞鹅岭"。山顶有一览胜亭，举目远眺，"半城山色半城湖"的旖旎风光尽收眼底，故有"飞鹅览胜"之说。除了拥有得天独厚的观景视角，历史上，飞鹅岭也是惠州城防军事要塞，民间有谣谚云：

铁链锁孤舟，浮鹅水面游。

任凭天下乱，此地永无忧。

此外，在土生土长的惠州人心里，这座造型奇特的山岭，还与一个传说密切相关，连接着这座城市开埠的历史。南北朝诗人

---

① 《苏轼文集编年笺注》，巴蜀书社2011年版，第120页。

谢灵运被流放到广州，一天夜里梦见罗浮，后按梦境启示，乘坐木鹅船逆龙江（即东江）而上，抵达惠州，环视四周，江湖相连，水天茫茫，只好在小船里过夜。相传，第二天木鹅船化成一座小山头，谢灵运就在山头上羽化升天。这座小山就是飞鹅岭，惠州也因此得名"鹅城"。

有关"鹅城"的记载不止于此，经常年口耳相传，在多个文人墨客笔下亦时有出现。苏辙之孙苏籀《跋惠州芳华洲刻石》称："鹅城，左江右湖，想其城如堤坊，民如雁鹜，屋如舟舫，树如菰蒲，故有古榜嘉名。"[1] 又如明代杨起元写《重修拱北堤记》："鹅城万雉，半入鉴光；渔歌樵唱，朝夕相闻。杭颍之匹，诚亦无愧。"[2]

"鹅城"的传说有多个版本，成为当地民间文学作品的一个创作题材。或许，一代代惠州人就听着这个故事成长，把东坡记在心里，也把故乡山水刻进灵魂。

这里西湖也醉人

提起西湖，人们往往想到的是杭州西湖。但少有人知，惠州也有西湖。

惠州西湖，如碧玉镶嵌在城中，清风徐来，水波不兴，绿树葱茏，鹭鸟纷飞，因其独具未施粉黛的天然之美，像极了未入吴宫前在苎萝村浣纱的西施，故有"苎萝西子"之美誉。

不过，这位"苎萝西子"之前还有其他的闺名——丰湖。自宋代起，西湖的称谓才渐渐取代丰湖。正如宋代诗人杨万里《惠州丰湖亦名西湖》诗曰：

三处西湖一色秋，钱塘颍水更罗浮。

东坡元是西湖长，不到罗浮便得休。

---

[1] 苏籀：《双溪集》，中华书局1985年版，第151页。
[2] 《惠州文征》，广东人民出版社2013年版，第539页。

惠州西湖

明代学者张萱在《惠州西湖歌》中亦云："惠州西湖岭之东，标名亦自东坡公。"原来，西湖之名竟与苏东坡有关。他的爱妾王朝云因病离世后的第一个重阳节，身处此地的他将悲伤化作《丙子重九二首》，写道："此会我虽健，狂风卷朝霞。使我如霜月，孤光挂天涯。西湖不欲往，暮树号寒鸦。"由此，惠州西湖得名。

真是无巧不成诗，杭州、颍州（今安徽阜阳）、惠州的三个西湖都曾是苏东坡宦游贬谪之处。或许是历史刻意为之，欲让西湖之美慰藉这位命运多舛的千古才子。

北宋年间，时任惠州知州的陈偁大力经营整治西湖，并首次点出了"惠阳八景"（今称"西湖八景"），即鹤峰晴照、雁塔斜晖、桃园日暖、荔浦风清、丰湖渔唱、半径樵归、野寺岚烟、水

西湖泗洲塔

帘飞瀑。这些景点不仅有幽美秀丽的自然景观，也融入了丰富的人文内涵。例如，水帘飞瀑展现了自然风光的美丽与神秘，半径樵归和野寺岚烟带有丝丝隐逸和禅意，丰湖渔唱体现了周边居民朝耕暮渔的生活方式。

惠州西湖除了风韵天成的自然景观，还有独特的文化魅力。"重冈榠阜，隐映岩谷，长溪带盘，湖光相照。"北宋名臣余靖在《惠州开元寺记》中对这里的风景作了上述描述，这也是惠州西湖在文学作品中的最早记载。此后，有关诗文不胜枚举。仅《惠州志·艺文卷》收录统计，历代以来有关作品多达600余篇，以苏东坡、杨万里为代表的文人墨客都创作了大量诗词歌赋，留下了宝贵的文化遗产。

丰湖书院的读书声

"三面皆水,蟠居一山",被誉为宋代广东知名书院的丰湖书院,就坐落于丰湖半岛上。书院四周亭台池榭错落有致,花木扶疏,湖水荡漾,景色清幽。琅琅的读书声从历史的风雨中穿越而来,一幅幅学子围坐、山长讲学的生动画卷也在此徐徐展开。

书院文化起于唐,兴于宋,昌于明清,历1300余年,伴随科举制度而兴衰,是传承儒家文化的重要载体。北宋时期,书院教育制度被正式确立。南宋期间,书院教育进一步蓬勃发展。惠州由此迎来了历史上第一次书院办学高潮,而丰湖书院则知名度最高。

南宋淳祐四年(1244年),惠州知州赵汝驭在郡城西南银冈岭创建聚贤堂,用以纪念唐宋以来对当地经济文化最有贡献的名

丰湖书院

儒"十二先生",并作为讲学授道的场所,这便是丰湖书院的前身。多年后,另一任惠州太守刘克刚正式改聚贤堂为丰湖书院,还扩大规模,增加功能,并使其带有半官学色彩,师资和经费有了保障,遂成为惠州儒学教育的重要场所。

元、明两代,丰湖书院迭经兴废。到清代,其又经两次修建,不仅继承了惠州西湖古典园林建筑传统,还新建了澄观楼、乐群堂、夕照亭、浴风阁,规模超过前代。请岭南名士宋湘为山长,使书院进入"从者云集,人竞向学"的繁盛期,"人文古邹鲁,山水小蓬瀛"的书院楹联即为宋湘所撰书。

历史上,丰湖书院几经荒废又数次重建,见证了惠州文化教育的发展历程,是解读岭南书院文化的重要样本。正是得益于丰湖书院,当地一改两宋以前的文化蛮荒印象,崇文尚教之风渐盛,为这座古城增添了崭新的人文气象。一朝焕新颜,诵书声复起,如今丰湖书院仍在谱写新的风雅颂歌。

逐客燃起文化星火

岭南，在历史上常被看作"化外之地"。因宋朝慎杀文臣，如大臣负罪贬谪岭外，则被视为最重惩罚。地处岭南的惠州，就此迎来了许多发配而来的逐客。于他们而言，这里或许意味着流落海隅的仕途低潮，然而对于惠州却是一件幸事——他们为这里带来了不熄的文化火种。

"很文艺"的广告词

"日啖荔枝三百颗，不辞长作岭南人"，苏东坡所作的《惠州一绝》如今已成岭南风情的经典"广告词"。

北宋绍圣元年（1094年），因卷入新旧党争，苏东坡被革去原职，以左朝奉郎身份，由知定州改知英州（今广东英德）。在赴任路上，再次被贬为"宁远军（今广西容县）节度副使"，"惠州安置，不得签书公事"。

于是，年逾六旬的苏东坡抱病登程，万里跋涉，前往当时所谓"蛮貊之邦,瘴疠之地"的岭南。不成想,初到惠州,"秀邃"的山水及"吏民相待甚厚"的古风,就治愈了他的失意,故而决定买田筑室留下来,并以超凡脱俗的文人才气和为民请命的民本情怀,在此地立下不朽功业。

贬谪惠州时期是苏东坡诗文书画创作的又一个高峰期,在此期间,他共创作诗词、文章、书信、书画近600篇(幅)。其中,"和陶"诗达40多首。"以彼无尽景,寓我有限年",既是仿效陶渊明,也是向心中山水致敬。他恪守"不贪为我宝""思我无所思"的价值追求,秉承"默化而人不知"的施政理念,为惠州留下"二桥一堤"等德政业绩,其后惠州和归善县的重要官员到任都会拜谒东坡祠,瞻仰他的为政之功。

东坡祠

惠州西湖景区荔枝雕塑

苏东坡行走于惠州山水间，足迹遍布西湖、罗浮山、白鹤峰、合江楼、嘉祐寺等地，吸引历代仰慕者寻觅。他的诗文跳跃着一个真诚、有趣而又豁达的灵魂，与惠州山水风物深深交融。历史上，先贤或以文传世，或以物载道，虽形式不同，却都蕴含着对生命的热爱和对人生价值的追求。

惠州城市景观

惠州是苏东坡贬谪仕途的重要节点，一代才子的磨难沉浮，却成就了惠州，正所谓"一自坡公谪南海，天下不敢小惠州"。

铁炉湖更名记

在今天惠州市桥东市场旁，连片传统民居建筑群和谐地融入喧闹的市集，这便是广东省历史文化街区——铁炉湖。

铁炉湖街道始建于南宋，是原归善县城重要组成部分之一。南宋绍兴年间，任礼部员外郎兼资善堂赞读的陈鹏飞，因得罪奸相秦桧被贬逐惠州舍人巷（今桥西都市巷），后迁至铁炉湖畔聚族而居，他的后代在此地扎根下来。明万历年间，陈氏后代因督造

城墙有功，获赏铁炉湖，遂利用筑城的余砖剩石，修筑了铁炉湖堤岸与路面，形成了现存的街巷格局。

其实，铁炉湖的得名，也与陈鹏飞有关。相传，铁炉湖原是一个形似葫芦的水塘。后来，逐水而居的人们在附近建起了打铁坊，淬火用水皆取于此塘。经年累月，人们便将其简称为"铁葫芦"。陈鹏飞因讳"葫芦"与"俘虏"谐音，故将"铁葫芦"的后两个字易位，遂称"铁炉湖"。随着历史的变迁，老街的打铁声已在时间的冲刷中陷入沉寂，而这个称呼却一直保存了下来。

陈鹏飞留给惠州的，还有对儒学教育的贡献。他出身书香门第，学识渊博。南迁后，他倾心注经，开坛讲学，对当地的儒学教育有着极大的推动作用，惠州历史上第一个省元（宋代礼部试进士第一名）张宋卿、三朝宰相留正都曾投其门下。

祸兮福所倚，陈鹏飞虽遭贬，却以另一种方式名留青史，不失为命运对他的一种眷顾，或许他不曾想到，自己留下的铁炉湖，至今仍熙熙攘攘，为时光厚待。

状元宰相的暮年

南宋末年出现了两位文韬武略的状元宰相，一位是忠肝义胆、浩然正气的文天祥，另一位则是直言敢谏、不屈不挠的吴潜（字毅夫）。二人均为南宋股肱之臣，命运的巧合也让他们与惠州有了深深的羁绊。

今天，在惠州博物馆户外文物展区，有一块"宋丞相许国公吴毅夫先生墓碑"，向世人讲述吴潜的一段久远而曲折的故事。

吴潜出生在官宦之家，少小天资聪慧，于南宋嘉定十年（1217年）高中状元，曾两度入相，封庆国公、许国公。他忠亮谠直，主张清除腐朽的官僚集团，加强战守之备，抗御元兵，后又因反对立赵禥为太子等原因，触怒宋理宗，被谪建昌军，继徙潮州，后责授化州团练使，循州（今惠州一带）安置。

年近七旬的吴潜带着家人，在三伏天里，蛰伏在小客船里挥汗如雨，顺着"盘回七二滩，颠顿常惊悸"的水路，终于抵达循州，并在这里度过生命中最后的时光。

吴潜虽病痛缠身，但仍记挂着一方百姓。当他看到循州城常受东江洪水威胁，东山寺北面和西边的大片农田十年九涝，便发动邑人，修建了大路田防洪大堤。他还倡设三沙书院，以饱学之士的力量，向学人传播南宋理学及其他学术文章，为此地的文化教育事业作出了重要贡献。

南宋景定三年（1262年），吴潜于循州逝世，相传，他因被政敌贾似道忌恨，被对方设计饮毒酒而死。这位一生投身社稷，古稀之年仍临危受命，抗击元军的股肱之臣，最终倒在了内部斗争中。这一年，距离南宋灭亡仅剩十余年。惠州人敬重吴潜的人格气节，将他祀于惠州西湖景贤祠，还将他曾寓居的龙川仙塔下的古寺，改名为"正相寺"。

吴潜不仅是一代名臣，在文学上也有很深的造诣。两宋时期是词文化发展的巅峰，词人佳作灿若繁星，吴潜就是这群星闪耀中的一颗。他存世词作数百首，词风激昂苍劲，慷慨悲怆，抒发济时忧国的抱负，也吐露个人理想受压抑的悲愤，并与同时代的文人多有诗词唱和往来，著名词人吴文英即出其门下。

作为曾经的天才少年、状元宰相、宋词大家，吴潜步履蹒跚行走在南宋王朝风雨飘摇之际，与范公一般"先天下之忧而忧"的他，最终留给当世一个遗憾的背影，却给历史留下不朽的英名。

何处堪夸，鹅城惠州。岭海瘴疠之地转身秀外慧中之所，城貌质变的背后更是文脉的升华，"远方来客"的自强精神和绝艳文采，至今仍浸润着惠州的每一处山水，让人从中品读那份最岭南的风情。

合江楼与水东街

儋州
海南万里真吾乡

宋代佚名《高士观水图》

词人的海之缘

儋州，古称儋耳，至今已有2000多年历史。汉代，始有建制名，称儋耳郡；唐代改郡为州，"儋州"一名开始出现。

一座城，一个人，一段情。儋州是海南的历史文化圣地，亦是苏轼贬谪生涯的最后一地。这座千年南国之城，因有苏东坡的到来，演绎了一段永恒的情缘。

桄榔林"流浪记"

北宋绍圣四年（1097年），苏东坡于惠州再远贬至海南岛，责授琼州别驾一职，异地安置于昌化军（今儋州）。作为贬谪最偏远之地，海南远离京城，"鸟飞犹是半年程"；自然条件艰苦，"天气卑湿，地气蒸溽，而海南为甚"，被贬至此的官员无不心灰意冷。苏轼也不例外，此时的他心绪低落，行前在《与王敏仲书》中坦言："今到海南，首当作棺，次便作墓。乃留手疏与诸子，死则葬于海外。"[①]

[①] 《苏轼文集》卷56，中华书局1986年版，第1695页。

东坡居士雕像(左) 邓拓《怀苏东坡》诗碑(右)

与之前生活形成巨大反差,苏东坡携幼子苏过抵儋后,过上了"食无肉、病无药、居无室、出无友、冬无炭、夏无寒泉"的日子。昌化军使张中到任后,当即派人修缮破旧不堪的官舍伦江驿,供其居住。后被巡视官员发现,将其驱逐,张中也受到连累被免职。

后来,在众人帮助下,苏东坡在城南桄榔林中筑起三间茅屋,名曰"桄榔庵",并题《桄榔庵铭》:"东坡居士谪于儋耳,无地可居,偃息于桄榔林中,摘叶书铭,以记其处。"[①]一间陋室,让苏东坡既心怀感激,又倍感慰藉,心生欢喜。他在"和陶诗"中曰:

---

① 《苏轼文集》卷19,河北人民出版社2010年版,第2163页。

漂流四十年，今乃言卜居。

且喜天壤间，一席亦吾庐。

在《新居》一诗中，他进一步抒发了寄情山林、知足常乐的情愫：

朝阳入北林，竹树散疏影。

短篱寻丈间，寄我无穷境。

在这里，苏东坡虽身处艰难环境，却以乐观豁达的人生态度与当地百姓"打成一片"，帮助大家疗救疾病，带领他们弃旧习、务农桑，开辟学府、讲学明道，在海南的文化发展史上书写了浓墨重彩的一笔。

面对人生的暗淡，苏东坡没有放弃本真、一蹶不振，而是尽其所能、顺势而为，既救赎了自己，又照亮了他人。勤劳朴素的儋州百姓念念不忘苏东坡的功绩，就在桄榔庵原址建祠。今天的儋州人依然喜欢吟诗作对，儋州也有"全国诗词之乡""中国楹联之乡"的称号，这不能不说与受其影响有关。

此心安处是吾乡

浮粟泉亦名"金粟泉"，位于海口五公祠内，素有"海南第一泉"的美誉，因水面常浮现粟米状小泡而得名。当年苏东坡初到海岛，在琼州（今海口）仅停留十余日就发现此泉，并领着村民开凿。

由于宋代海南缺乏饮用水，百姓常喝咸积水，极易生病。"指凿双泉"就是苏东坡献给当地人民的一份"礼物"。在儋州桄榔庵遗址旁的坡井村，也有一口水井四季不竭，亦是其当年带领村民开凿而成的，后人称为"东坡井"。为改变儋州本土人"不麦不稷""朝射夜逐"的落后农业生产方式，他可谓苦口婆心，专门作了《和陶劝农六首》，其一曰：

听我苦言，其福永久。

利尔耡耜，好尔邻偶。

他还带领百姓改进农具，教之以种植水稻等农作技术，改善缺衣少食状况。从其作《减字木兰花·立春》中"春牛春杖，无限春风来海上。便丐春工，染得桃红似肉红"可看出，此时的海岛已呈现一派祥和春耕图。

苏东坡胸怀旷达，乐结善缘，一生交友无数，"朋友圈"甚广。"上可陪玉皇大帝，下可陪卑田院乞儿""眼前见天下无一个不好人"这是刘壮舆所著《漫浪野录》中记载的苏东坡自述。① 友人相伴，给从云端跌落人生低谷的苏东坡带来了些许慰藉。吴子野跋山涉水前来探望，赵梦得冒险为他传递家书物品，黎子云兄弟、许珏、王肱等读书人与他诗酒书画往来，金华人潘衡还为他烧松烟制墨……

"他年谁作舆地志，海南万里真吾乡"，许多人误以为这是苏东坡到儋州后"把海南当作家乡"的情感表达，其实此诗是写于从惠州谪迁海南途经梧州之时，寄给同样遭贬的其弟苏辙的。不过，这却像是一个心理暗示，苏东坡后来确实深深爱上了这片土地。

一生颠沛流离，苏东坡常将"他乡"作"故乡"，在这种现实与意愿隔阂的两难心境之中，他用"此心安处是吾乡"自我宽慰，虽属无奈，又何尝不是一种超现实的自由表白。

---

① 陶宗仪：《南村辍耕录》，文化艺术出版社2018年版，第286页。

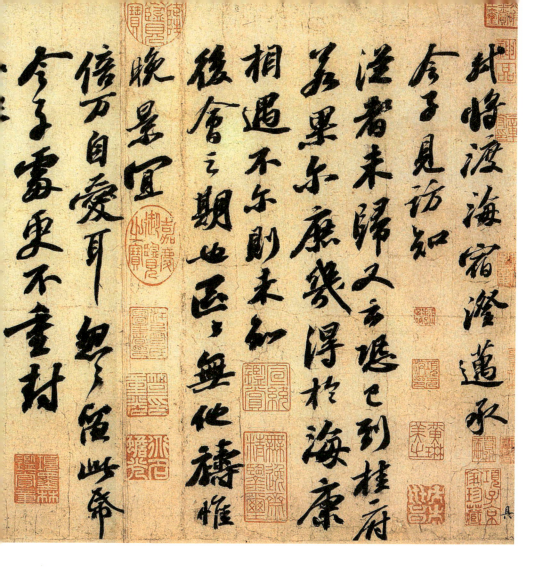

苏东坡行书《渡海帖》

最后的倾诉

北宋元符三年（1100年），吴子野从广州带来苏东坡获赦内迁廉州的喜讯。怀乡恋阙，永远是逐臣迁客的共同心愿。然而，当日夜期盼的归帆忽然停在来时登陆的通潮驿，他的心中却充满了不舍和留恋。

"九死南荒吾不恨，兹游奇绝冠平生"，这是苏东坡从心底迸发的在海岛最后、也最为感人的诗句。从缙绅服紫，到戴笠履屐，在海南的三年时光，是他仕途贬谪的最后时刻，也是他生命体验最深刻、思想意识最成熟的一个阶段。

离开海岛后不久，苏东坡即走完了人生的路程，于北宋建中靖国元年七月二十八日（1101年8月24日）病逝于江苏常州，享年66岁。

风雨人生路，超然旷达情。纵观苏东坡的一生，数度被贬谪，黄州、惠州、儋州，一次比一次偏远。面对痛苦与挫折，他开朗乐观、淡然从容，让人感动和钦佩。

"此地能开眼界，何人可配眉山。"在朱为潮撰写的苏公祠楹联中，"眼界"对"眉山"，可谓是妙对。"眉山"用籍贯代指苏东坡，"此地"可指苏公祠，亦可指海南。

苏东坡是旷世文豪，也是"千年英雄"。他不仅在中国文学史上占有重要地位，对世界文化也产生了一定影响。国外有研究者把苏东坡置于人类思想发展史和世界科技进步史大背景之下加以审视，认为他从"儒释道"三者的会通合流中寻求精神自由，代表着人类思想发展的历史高度。21世纪初，法国《世界报》曾以"影响人类历史十个世纪"为标准，推选全球公元1001—2000年间12位"千年英雄"，苏东坡作为唯一的中国人入选其列。从某种意义上看，他是当之无愧的"世界历史文化名人"。

辟开瘴海大文章

儋州孤悬海外,交通不便,历史上一直被视为蛮荒之所、烟瘴之地。苏东坡等被贬谪到这里的官员,却以豁达的心态、积极的作为,"忘却翰林真富贵""辟开瘴海大文章",给海岛带来了文化与技术的进步,造福了这里的百姓。

海岛"第一所大学"

"一代文忠,赤壁遗篇,皓月经天,光遮北宋;千秋圣德,桄榔留迹,春风化雨,惠泽南荒。"这是东坡书院载酒亭的楹联,生动概括了苏东坡在海南成风化人的功绩。

到儋州后不久,苏东坡就与张中一起拜访当地名士黎子云,众人提议并在黎子云的住宅旁筹钱建屋,作为东坡设帐讲学、以文会友之所,苏东坡为新屋取名"载酒堂",用于教书育人、传播中原文化。

元泰定四年(1327年),南宁军判彭震卿把桄榔庵的东坡祠

儋州东坡书院正门

迁移并入载酒堂,后改称"东坡书院"。东坡书院为前书院后园林格局,以大门、载酒亭、载酒堂、东坡祠串联为主轴线,东园和西园为两个副轴线。东园有钦帅堂、迎宾堂、春牛石雕和钦帅泉等,西园有东坡居士铜像和陈列馆。书院存有大量的碑版、书画等文物,其中元代范梈《东坡先生祠记》碑刻尤为珍贵。

值得称道的是,苏东坡到来后,这里培养出了海南有史以来第一位举人姜唐佐、第一位进士符确等,从此海岛读书求学蔚然成风。

这里还有一个故事,姜唐佐曾慕名来此向苏东坡求学。他自备干粮和书籍,日日跟随在老师左右,随时求教,并将自己的文章奉上以求点拨。住了数月,临别之际,求师赠诗。"沧海何曾断地脉,白袍端合破天荒。"苏东坡只写了两句,便向他说:等你将来中了进士,再为你续足成篇。姜唐佐没有辜负期望,后来他

东坡书院外景

北上赴试高中。遗憾的是，此时苏东坡已经去世，不能为他续写成诗。

人生总有遗憾，但命运常会眷顾有心之人。后来，姜唐佐在蔡州遇见了苏辙，向其出示老师所书诗联，苏辙览之泣泪，遂代兄长补全该诗：

生长茅间有异芳，风流稷下古诸姜。
适从琼管鱼龙窟，秀出羊城翰墨场。
沧海何曾断地脉，白袍端合破天荒。
锦衣他日千人看，始信东坡眼力长。

除了姜唐佐，载酒堂还吸引了崖州裴闻义、丹阳葛延之等人，儋州当地读书人如符林、符确、王霄等亦常"载酒问字"，皆以师从苏东坡为荣。在其影响下，海南文风盛行、人才辈出，至科举考试废除时，共出举人700余名、进士近百人。载酒亭经屡次修建，至今浮粟泉附近门额上，仍镶嵌元代书法家赵孟頫题写的"东坡书院"牌匾。

值得一提的是，苏东坡初到海南，曾借寓琼州开元寺（遗址在今海口市五公祠），北归时再经此处，留有泂酌亭、金粟庵等遗迹。后来，当地学子亦常在这里饮酒赋诗、讲学论道。

别样的乡约沙龙

南宋建炎元年（1127年），儋州迎来一位遭贬谪的将军——折彦质。他出身将门，文武双全，忠勇爱国，一度官至宰执，可惜因作战失利被贬于此。

到达儋州后，折彦质依例向朝廷上谢表，说自己不知沧海之深，但见恩波之阔。虽然这只是向朝廷表达忠心的一种姿态，但心情的抑郁也蕴含其间，从他的诗句"朝宗于海固愿也，一苇杭之如勇何。著浅惊呼过又喜，此生是等事尝多"中即可体味其当时的失意与落寞。

幸而，那时儋州已是一隅文化热土，折彦质经常与许珏、许康民、王肱等趣味相投的当地名士一起交游，增添了生活色彩。他还发起成立"真率会"，类似现代的主题沙龙。南宋地理总志《舆地纪胜》专门记载："（折彦质）至郡，与儋士许庭（廷）惠辈效温公真率会，为乡约，每五日一集。"[①]

事实上，真率会是宋代文人宴饮聚会的一种流行形式，最早由司马光、范纯仁诸友所创，而后仿慕者不断。"真率"一名，取自"宴饮简单朴素、宾主坦诚相待"之意，追求饮食俭约、礼节简便和心情坦率，便于备办又易于持续，还具有娱乐性。谪居儋州的贬官，生活境况比较窘迫，再加上当地物资匮乏，简约省钱的真率会算是一种很务实的雅集形式。

---

① 参见王象之：《舆地纪胜》卷125，中华书局1992年版，第3598页。

与其他地方相比,儋州真率会产生的年代较早、延续时间较长,对吟唱风气和民风民俗的形成均产生了积极影响,当地的许多诗歌便是由此创作出来的。可见,创办真率会,无疑是折彦质对儋州文化的一个重要贡献。

世间之事,往往富有戏剧性,放逐天涯海角,本代表的是漂泊流离、万念俱灰,可对于有情怀的谪臣,却将愁苦化作旷达,给予孤悬海外的儋州一份特别的回忆。失意的开头注定有一个诗意的结尾,如今的儋州,作为一方文化沃土,令人崇敬和向往。

儋州俯瞰

儋州　海南万里真吾乡

定州
九州咽喉地

赵伯骕《风檐展卷图》

寻访国色天工

华北平原上，定州犹如一颗璀璨的明珠镶嵌其中。春秋时，管仲在此筑城。此后，战国中山、汉中山、后燕又曾在此定都，有"九州咽喉地，神京扼要区"之称。

北宋是定州历史上最为辉煌的时期之一。名相富弼在《定州阅古堂》一文中评价：天下十八道，惟河北最重；河北三十六州军，惟定州最要。[①] 彼时，这里不仅是政治军事重镇，也是文化教育中心。定瓷、缂丝闻名天下，还有开元寺塔，因其高大的体量和精美的建筑工艺，被誉为"中华第一塔"。

定瓷天下白

中国陶器历经数千年，白瓷为其中最难烧制的品类之一。其诞生晚于青瓷，滥觞于北朝，经隋唐两代进入皇家视野。到了北宋，定窑白瓷一度冠绝五大名窑，被指定为贡瓷，在北方白瓷群中更是出类拔萃、独领风骚。

---

① 张志军：《河北佛教史》，宗教文化出版社2016年版，第602页。

从唐代创烧到元代消亡，定窑经历了近 800 年历史。自百余年前其窑场遗址被考古学家发现后，越来越多深埋地下的定窑瓷器重见天日。这就包括陈列在定州博物馆内的白釉葵口"新官"款碗，而其背后有着一段颇具传奇色彩的故事。

北宋定窑白釉孩儿枕

1960 年，工人在定州贡院挖出一个瓷坛，打开后发现内有 8 个大碗。经过清洗，工人们每人分得一个用来盛饭。博物馆工作人员闻讯赶来，经过仔细查看，确认这些应为文物，就买来几个新碗，与工人们交换。其

宋代定窑白釉瓶

中，2 个大碗刻有"新官"字样，施釉均匀，洁白莹润，最薄处仅 2 毫米，击之声音悦耳动听，为难得佳品。

历史上，定窑创造的"覆烧法"新工艺，对不少地方的窑场都产生过重要影响。宋金时期，南北方很多窑场纷纷仿烧定窑白瓷，从而形成了一个规模庞大的"定窑系"。定窑因品质优良，一度"诸窑无与比胜"，也曾承烧宫廷和官方用瓷，代表了这一时期中国白瓷的最高水平。

除了白瓷，定窑的黑、绿等珍稀颜色釉瓷同样工艺高超、外形精美。宋代"太平老人"曾在《袖中锦》一书中将定瓷与端砚、浙漆、内酒等并列，评为"天下第一"，认为"他处虽效之，终不

及"。① 清乾隆皇帝也咏叹定瓷:"古香古色雅宜心,宋定名陶器足珍。"②

白瓷看似单调,实则颇有意境,可谓言有尽而意无穷的典范。界定一种事物的影响力,往往可由两点判断,一看有没有模仿者,二看在时间竞争中,可否一直保持领先。定窑白瓷无疑做到了这两点。一抹"中国白",不仅彰显了东方文化艺术之美,也体现了人们对君子之德、自然之美的追求,还展现了古人无为而无不为的处世哲学。20世纪70年代以来,在相关专家反复试制下,历经几十年不懈探索,终使失传的定瓷烧制技艺重获生机。

一寸缂丝一寸金

农耕文明和游牧文明是我国古代社会发展的两种基本模式,也是中华优秀传统文化的重要根脉。定州正处于农耕和游牧之间的衔接地带,得天独厚的地理位置和悠久的文化底蕴,让其成为缂丝的发源地之一。

作为一种古老丝织工艺,其不同于南方的丝绸和刺绣。缂丝使用木机及竹制的梭子和拨子,经过"通经断纬"将五彩的蚕丝线缂织成一幅细腻自然、缤纷绚丽的织物。其花纹近看犹如纬线刻镂而成,呈现出小空或断痕,所谓"承空观之,如雕镂之像",故而得名。

缂丝立体感极强,工艺繁杂,一般有16道工序,素以制作精良、古朴典雅、艳中带秀的艺术特点著称。由于缂丝经得起摸、擦、揉、搓、洗,历来被誉为"织中之圣",有"雕刻过的丝绸""千年不坏的艺术织品"之称。

精妙的技艺不是一蹴而就的,而是从开始尝试的第一天起,经过无数次的失败挫折而习得。99%的汗水与1%的天赋共同织

---

① 沈勤:《雅在藏物》,云南美术出版社2021年版,第117页。
② 吕少民:《中国陶瓷鉴定基础(上)》,研究出版社2020年版,第359页。

就了缂丝的精美绝伦，这注定需要极高的人力成本，因而缂丝从诞生之日起，就多是皇亲国戚、世家大族消费得起，堪称中国古代的顶奢，乃至有"一寸缂丝一寸金"的说法。由此也催生出一批缂丝名匠，定州人沈子蕃就是其中代表。

沈子蕃被称为"缂圣"。北宋灭亡后，他南下谋生，收徒弟、传技艺，专门管理官办"缂丝坊""织造院"，促进了江南织造业的发展。他的缂丝作品以传世书画为摹本，设色高雅古朴，生动传神，工艺超群，精妙绝伦，令人叹为观止。存世之作有《缂丝梅鹊图轴》《缂丝青碧山水图》《缂丝秋山诗意图》等。

东方审美崇尚意境抒发，注重内敛典雅、和谐自然。"以梭代笔"、技艺精湛的一代代缂丝匠人，将丝的质感融入画中，超脱经纬交错的强性制约，营造深沉简约、淡雅灵动的意蕴，让缂丝这一独特的纺织技艺和艺术瑰宝流传千年，惊艳群芳。

古寺塔影立千年

"沧州狮子定州塔，正定菩萨赵州桥。"位列"华北四宝"之列的定州开元寺塔始建于北宋年间，是中国现存最高的砖木结构古塔。当地至今流传着"砍尽嘉山木，修成定州塔"的谚语，可见当年建塔之盛况。

开元寺塔为八角形楼阁建筑。塔身外部每层四个正方向辟门，四个侧方向辟彩绘盲窗。塔内结构为外塔体环抱内塔体，楼梯从内塔体穿心盘旋到达塔身顶部。塔身由内外层衔接，之间以回廊相连，形成"塔内藏塔"的奇特结构。外观塔身，底层阁楼作双重出檐，底檐砖砌，上层作砖雕仿木三跳斗拱，施彩绘，以上作叠涩出檐，形成塔身平台。塔身外部通体涂成白色，塔顶雕饰忍冬草覆钵，上置有铁质承露盘及青铜质塔刹；塔内有砖阶可通塔顶。古建筑留存殊为不易，开元寺塔何以屹立千年？秘密就在于外塔体环抱内塔体的"塔包塔"结构，中间内塔作为塔心柱构筑在全塔中心，将每层塔身紧紧串联在一起，使得整个塔体异常坚固。

诚然，除了建造工艺精湛外，也离不开后世不断地修缮。开元寺塔从建成至今，还经历了雷击、地震等破坏，特别是清光绪年间的一次地震，塔的东北角从上至下全部塌落。21世纪初，开元寺塔整体维修加固工程全部完工。蔚蓝色的天空下，八角形楼阁式的古塔如同盛开在燕赵大地上的白莲，十一级塔身从下至上按比例逐层收缩，每层用砖层层叠涩挑出短檐，下悬挂风铃，北国的雄浑气势与江南的柔美风姿，在此交融。

开元寺塔内现存北宋至清代的碑刻和名人题记共34块，亦有称之为"北宋建筑彩画重要遗存"的斗拱彩画和宋代佛教人物壁画，历经千年而色彩依旧，栩栩如生。那些题记无不是古人的心语，记录了他们的所思所想所悟。流连其中，仿佛穿越了千年与

开元寺塔

古人对话。的确,一切历史都是当代史,与他们神交不仅是对以往的反思与告慰,亦是对于未来的展望与期许。

开元寺塔承载着历史的记忆,凝结了古人智慧,饱经风雨洗礼,不仅是定州的华彩史篇,更是中国古代建筑史上的不朽丰碑。

士大夫的理性与知性

"今年中山去，白首归无期。"北宋元祐八年（1093年），时年58岁的苏轼以"双学士"衔知定州兼定州路安抚使。在此期间，他有理性的一面，坚守"为国不可以生事，亦不可以畏事"的信条，践行着自己的治州方略；亦呈现了知性的一面，兴趣广泛、热爱生活，让那段岁月充满了诗意传奇。

念旧的龙凤双槐

北宋时期，定州是北邻契丹的边疆重镇。治理这里，对于缺少治军经验的苏轼而言，是一种全新的考验。

燕赵之地，自古多慷慨悲歌之士。到定州后，苏轼或受古风影响，很快显露出了自己的军事天赋。他整饬军政，提高军队战斗力。第二年春天，还组织了盛大的阅兵典礼。点校场上，"儒帅"苏轼坐于军帐正中，将士一排排整齐威武，军心大振。

在定州时间虽不长，但苏轼却与这座古城结下了深厚情缘。

苏东坡《枯木竹石图》

如今的定州城里不时可见"东坡印象",位于刀枪街的定州文庙便是其一。文庙始建于唐代,是河北省建筑格局最大、保留最为完整的孔庙古建筑群。北宋皇祐二年(1050年),知州韩琦于文庙内"即庙建学"大修殿宇,形成前庙后学的格局,继而获"中山庙学甲天下"之美誉。苏轼到任定州后不久,便拜谒了文庙。

踏入定州文庙棂星门,映入眼帘的是两棵古槐,只见其根节交错、树干粗大。据《定州志》记载,古槐为苏轼所植。明万历年间定州学正韩上桂在《仰苏亭赋(有序)》中对此进行了详细记载:公尝守定武,得石文如雪浪,盆以蓄之,植槐其侧,在学舍东北偏。① 双槐形态尤为称奇,东槐"葱郁如舞凤",西槐"虬枝如神龙",故又称"龙凤双槐",东西对望,相偎相依。

---

① 马积高:《历代辞赋总汇》,湖南文艺出版社2014年版,第7359页。

如今，古槐的主干虽已枯槁，但其根脉犹在。古槐"干枯而枝绿"，每逢夏日，槐花盛开，清香四溢，像极了那个"一蓑烟雨任平生"的苏轼，虽历经宦海沉浮，却一路吟啸徐行。世间的一切事物终究会回归大地的怀抱，多少朱楼碧瓦早已灰飞烟灭，多少英雄豪杰化为冢中枯骨，曾经的不朽之梦已然成了过眼云烟。

如何才能让生命留下痕迹呢？恐怕只能做自己，正如古槐做自己，虽历经数百春秋仍能吞吐新绿；苏子做自己，纵使过千年，仍旧流传他的传说。一个人或许不能名载史册，但当垂垂老矣回顾一生的时候，留下的不只是随波逐流、得过且过，也有久违的本真和自我，就不会抱憾终身，因为生命的价值本质上就是自我实现的过程。

"雪浪"淘千古

苏东坡和雪浪石的故事，是流传甚广的另一段传奇。据记载，这块石头是苏轼在中山后圃（现定州崇文街）偶然所得，黑质白脉，中涵水纹，激水其上，似雪浪翻滚，遂名"雪浪石"。

"老翁儿戏作飞雨，把酒坐看珠跳盆。"得雪浪石后，苏轼如获至宝，专门从曲阳恒山运来汉白玉石，琢芙蓉盆将石放入盆中，且于文庙建"雪浪斋"，并作诗文。其弟苏辙，文友张耒、秦观等纷纷作诗唱和，为雪浪石赋予了深厚的文化内涵。

雪浪石

"人生出处固难料，流萍著水初无根。"谁曾料想，弟弟苏辙

白釉刻花龙首净瓶

《和子瞻雪浪斋》中的诗句,却无意中言中其兄接下来的人生。距知定州不久,苏轼复贬英州,盆与石从此埋没。

雪浪石历史上几经浮沉,时隐时现。明代,定州知州唐祥兴发现雪浪石,使其重见天日。清朝,定州知州韩逢庥于众春园新建雪浪斋,并移雪浪石、芙蓉盆置斋前。也正是在这一刻,"韩园""苏石"产生了交集。

事实上,众春园初为北宋定州知州李昭亮修建,位于城内东北隅,他离开定州后,便日渐荒废。北宋名相韩琦知定州,在旧园的基础上扩大兴修,复现了早年花草繁茂、亭榭古雅的盛景,使其成为北方名园,也因而被称为"韩园"。

众春园是历史上少有的百姓可随意游览的古代"人民公园"。"庶乎良辰佳节,太守得与吏民同一日之适,游览其间,以通乎圣时无事之乐，此其意也。后之人视园之废兴，其知为政者之用心焉。"① 在《定州众春园记》中，韩琦就言明了自己修造公共公园的缘由及为官者的责任，遂取"偕众同春、与民同乐"之意题名"众春园"。值得一提的是，苏轼在定州任职期间，曾多次来此赋诗作画。

"韩园""苏石"合璧之际，迎来又一次高光时刻。同年，康熙皇帝西巡，驻跸众春园。自此，众春园成为皇家行宫，雍正、乾隆、嘉庆皇帝都曾暂住于此。只是世事无常，众春园在后来的战火中毁废殆尽，只有雪浪石侥幸逃过一劫。

耐人寻味的是，雪浪石幸免于难并不是因为外形奇特，也不在于蕴含其间的人文故事，而恰恰是由于其过于普通，不露痕迹。人生亦是这样，适时崭露锋芒、行高于人固然重要，但低调内敛、善于藏拙才不失为一种长久的人生智慧和高明的处世之道。

清欢与烟火

一半诗意许清欢，一半烟火入世间。在定州，除了诗文传世，苏轼也没有忘记自己"美食家"的身份。如果说定瓷与缂丝代表了历史上这座边城的雅致与奢华，宋街上的美食则氤氲着最抚人心的市井烟火气。

在定州大小饭馆里，几乎都会卖一种当地家喻户晓的名小吃——定州焖子，据说这就出自苏轼的创意。北宋元祐八年（1093年），定州周边的曲阳、望都、唐县、新乐等县夏旱秋涝，灾情严重。知州苏轼每到一地，就为灾民煮粥煮肉，但肉食不够，为了让大家都能吃上肉食，便剁碎肉料，倒进大锅中与荞麦面糊搅拌混合后煮熟，熬成块状分给灾民。这种食物在赈灾中发挥了很大作用。后来，人们感觉这种食品好吃且便于存放携带，纷纷

---

① 翁经方、翁经馥：《中国历代园林图文精选》第2辑，同济大学出版社2005年版，第25页。

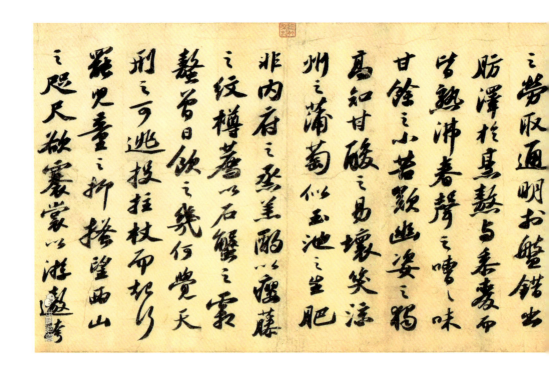

苏东坡《中山松醪赋》

仿效制作，便成了地方特色。好的食物往往包含着爱与关怀。因救助难民而生的定州焖子不仅是餐桌上的佳肴，也是写在味蕾上的爱的诗篇。

除了美食，苏轼也定然不会辜负美酒。"味甘余而小苦，叹幽姿之独高……曾日饮之几何，觉天刑之可逃。"他喜欢喝酒，曾说"殆不可一日无此君"，同时也喜欢酿酒。来定州后，他改良了当地松醪酒的酿酒工艺，以黍米、麦子、松节为原料，以黑龙泉为水源，并把其称之为"中山松醪酒"，还为其作赋，成为传世佳作，美酒之名也随之传遍四方，历经南宋、元、明、清长盛不衰。

寻访民情时，苏轼听到农民边插秧边轻唱小调，精通音律的

　　他将歌曲收集起来，填写通俗小调，教人们传唱。渐渐地，这种小调由田间走上街头，逐步演变为秧歌戏，也被人们亲切地称为"苏秧歌"。到了清代，民间艺人逐步利用这一曲调，配上板鼓、锣等打击乐，以说唱的形式演唱有情节的故事，广泛活跃于北方各地农村，深受人们喜爱。

　　历史文化的主体，首先是人，而后是物。有了人才有故事，物也才会被赋予灵魂，真正得以延续传承。苏东坡给定州留下了智慧与才华，也留下了豁达与超脱、质朴与清欢。他热爱这里的一草一木，关心这里的黎民百姓，直到现在走到大街上，人们依然可以寻觅他的足迹，感受他的情怀。

正定
正定古今

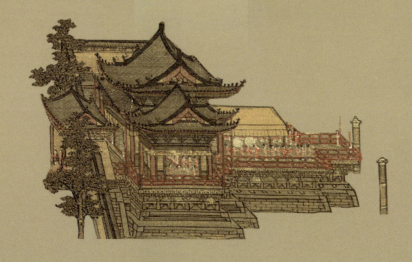

郭忠恕《明皇避暑宫图》

"三关雄镇"的凝眸

正定，拥有2200多年建县史、1600多年建城史，其历史可追溯到2700多年前。它坐落在石家庄市以北，雄踞滹沱河北岸，西控"太行八陉"之第五陉口，自古就是沟通京畿与华北平原、经略河北与山西的战略要冲。历史上的正定，曾作为府、州、郡、县治所，也是当时的北方军事重镇，有"三关雄镇"之称。

从"真定"到正定

战略要冲，是正定古城的一张名片。巍巍太行，纵跨京冀晋豫四省市，素有"太行天下脊"之称，位于我国地势第二、三阶梯分界线上。自北京起，沿太行山东麓走廊向南，保定、定州、正定、邢台、邯郸、安阳等城市依次分布。从太行山流出的河流，多为东西流向，阻隔南北交通。正定恰处太行山东麓与滹沱河交会点，是绝佳军事防守据点，故此，古时滹沱河南北常成为战场。

战国时期，正定城所在地区属中山国和赵国的东垣邑。秦统

一六国后，将东垣邑改设为东垣县。公元前196年，西汉开国将领陈豨发动叛乱，汉高祖刘邦率军平叛，攻克东垣县，改其为真定县，意为"真正安定"。

事实上，真定并未从此安定。由于特殊的战略位置，无论是藩镇割据，还是王朝更迭，抑或农耕文明和游牧文明的冲突，在诸多历史事件中，都能看到真定的身影，也让州、郡、县治所反复在滹沱河南北两岸迁移。正定行政位置的变换，也折射出历史进程的曲折与时代走向的多种可能性。

北宋时期，宋太宗赵光义率军攻灭盘踞河东（今山西）的北汉政权，北宋与辽直接接壤。在东起泥姑口（天津大沽口），西到代州雁门（山西代县北）的千里宋辽边境线上，真定所在的河北地区如同楔入辽地"幽云十六州"的钉子，宋辽围绕此地爆发了首次正面交锋，史称"高梁河之战"。北宋战败后，为防止辽军继续南下，在边境布置重兵，并修筑边防要塞，真定就是其中之一。

北宋"红杏尚书"宋祁曾这样评价正定："天下根本在河北，河北根本在镇（正定）、定（定州）。"① 从今天见到的正定城墙中，可以感受到昔日边防要塞的雄伟姿态：城墙是明代在历代城防体系基础上修缮而成，由夯土墙外包砖构成，周长24里，高三丈二，上阔二丈，其四方各开城门一道，均为三重结构，设有里城、瓮城和月城3道城垣，出入城内要经过3座城门。这种城墙形制，除北京、南京等封建王朝国都外，极为罕见，这也印证了其作为堡垒要塞的突出地位。直至清代，为避雍正皇帝胤禛名讳，延续千年的真定被改名为"正定"。

城墙在中国传统城市的形成与发展中扮演了重要的角色，折射出城市的发展定位及文化内涵。随着时代变迁，古城墙下的"扭抱缠斗"已成过眼云烟，而在"以现状整修和遗址保护展示为主，整体修复为辅"的总基调下，昔日城墙的"本真"正以古老的容颜与蕴含的新韵，向世人讲述着正定古城的辉煌往事。曾经的要塞重镇，其军事功能早被"遗忘"，迎来了真正安定繁荣的时刻。在历史长河中，遗失与记忆交织前行。它们不仅形塑了一个地方的灵魂，也教会了我们如何在时代更迭中寻找到自己的安宁与新生。

觅迹海内孤例

提起正定古城的文化遗迹，本地人时常自豪地说："三山不见，九桥不流，九楼四塔八大寺，二十四座金牌坊。"站在正定南门城墙上眺望，从西向东看，开元寺须弥塔，广惠寺华塔，天宁寺凌霄塔，临济寺澄灵塔静静矗立着。

寺与塔，在正定历史上留下了浓墨重彩的一笔。塔，起源于

---

① 王瑞明、雷家宏：《湖北通史·宋元卷》，华中师范大学出版社1999年版，第247页。

古印度，译为"窣堵波"，有"累积"之意，即积累石头于墓上作标记。佛教创始人释迦牟尼圆寂后，弟子将其遗体火化，烧出色泽晶莹的珠子"舍利"，并在各地修建"窣堵波"将舍利分葬，称"舍利塔"，也称"多宝塔"。这一时期，塔的结构比较简单，主要由最下方的基座、基座上的半球形覆钵、覆钵顶部的舍利宝匣，以及最上方的伞状华盖组成。自汉代随佛教传入我国后，塔的造型就以本土化的建筑风格为蓝本加以创造发挥，形成了造型各异的中国古塔。

正定的古塔经历了一个复杂的发展过程，从汉末到魏晋南北朝时期，河北地区政治、军事地位得以提升，同时，佛教快速传播，大量的佛寺被修建，也促进了佛塔的发展。到了宋代，河北地处宋辽边界，今天的承德、张家口、唐山与秦皇岛，都是辽的疆域范围，而河北的正定、保定、邢台与邯郸，则属于宋朝疆域范围。宋、辽都大兴佛教，辽佛教以"密宗"与"华严宗"为主，宋佛教以"禅宗"为主，因此，燕赵之地形成了风格不同的古塔。其中，辽古塔主要在承德与张家口一线，宋古塔多修建在正定与定州，而广惠寺华塔正是宋代造塔技艺的杰作。

华塔是一座多宝塔，关于其始建年代，碑碣、志书说法不一。明嘉靖时期《重修广惠寺塔殿记》记载："兴于魏隋间，历修于唐宋之际。"[①] 20 世纪末修缮华塔时，考古工作者在主塔二层佛龛发现"太平兴国四年"字样，"太平兴国"是宋太宗赵光义的年号，因此验证了现塔为宋代遗存。但其造型与其他地区宋塔"八角形"平面和楼阁式塔体迥异，外形如"花束"，塔体装饰华美，故得名"华（花）塔"。

1933 年，时任我国首个研究传统营造学的民间团体"中国营造学社"法式组主任的梁思成，来到正定调研古建筑。和所有初来此地的人一样，他很快被耸立在城中的巨大"花束"吸引，整

---

① 郭开兴：《中国历史文化名城正定大观》，内蒙古人民出版社 1999 年版，第 69 页。

广惠寺华塔

凌霄塔

正定　正古定今

座塔为砖结构，由主塔和四座附属小塔组合而成。小塔以青瓦覆顶，并建有硕大的宝顶，外侧同主塔四周回廊毗连，形成环抱之势。远远望去，主塔与四小塔高低错落、相映生辉；走近看，主塔塔身交错雕刻许多仙人、仙兽和楼阁亭塔，花样复杂，生动传神。

彼时的华塔，保存状态不甚理想。从梁思成当年所拍摄的照片看，塔基已部分坍塌，塔身砖面凋落，整体"颓败得可怜"，但其一反肃穆的建筑风格仍然给梁思成留下深刻印象，他在《正定古建筑调查纪略》中赞叹："若由形制上看来，这华塔也许是海内孤例。其平面及外表都是一样的奇特。"[1] 历经战火到和平岁月，自1961年被国务院列为全国重点文物保护单位以来，华塔经过多次修缮，今天，精巧华丽、壮观秀逸的千年古塔再次将它耀眼的芳华重现于世。

广惠寺华塔的北部，还坐落着另一座宋代风格古塔天宁寺凌霄塔，此塔巍峨高大、直入云霄，是正定古城"制高点"，故而得名凌霄塔。

凌霄塔是一座砖木混合结构、平面呈八角形的楼阁式塔，共9层，其中1至4层为宋代对唐塔的修缮，系砖结构，斗拱是砖木结构；4层以上斗拱及各层檐均是木制，为宋代重建，在金国控制正定城后大修。值得一提的是，从第4层中心部位开始，一根长约17米的木柱直通塔顶，并用8根扒梁与外檐相连，这种塔心柱结构有利于稳定塔身。著名古建筑专家罗哲文曾说，我国现存实物中，仅河北正定天宁寺木塔尚存这一结构形式，"是极为珍贵的实例"。[2]

正是这根木柱，留下了"抽梁换柱"的传奇故事。《宋史·方技传》记载，真定城有一个名叫怀丙的高僧，不仅通晓佛法，还身怀绝技。当年，凌霄塔中心木柱朽坏，造成塔身向西北倾斜，

---

[1] 梁思成：《中国古建筑调查报告（上）》，生活·读书·新知三联书店2012年版，第160页。
[2] 罗哲文：《罗哲文文集》，华中科技大学出版社2010年版，第115页。

许多工匠都束手无策。怀丙认真观察并测量了柱的长短，又另制新柱，让工匠把新柱吊到塔上后，只带一个助手进入塔内，外面的人连斧凿声都没有听到。一段时间后，怀丙换好柱子，塔也被"扶正"，不再倾斜。至于怀丙如何做到的，无人知晓。

怀丙是北宋充满神秘色彩的僧人，除了"抽梁换柱"，还留下了用浮船将数万斤的铁牛从河中捞出的故事。史书并没有记载他的俗名和生卒年月，只用寥寥数笔，道出他在工程领域的造诣。我国有着悠久工匠传统，在浩瀚长河中，众多能工巧匠以创造精神和奇绝技艺，留下了宝贵的建筑瑰宝和匠人初心，正如今天世人眼前的正定古塔。

城市保卫战里的风骨

天宁寺凌霄塔西北方向，有一处宋代建筑遗存——"正定府文庙"。正定曾作为府县两级治所，城中有"府文庙"和"县文庙"。据清光绪元年《正定县志》记载，府文庙由龙图阁直学士、真定知府事吴中复于北宋熙宁三年（1070 年）创复，金明昌元年（1190 年），府文庙开始修缮、扩建，增设东、西廊庑，重新彩塑了几十位先贤、大儒的雕像。

府文庙坐北向南，分为三个大院落。正院是供奉孔子的文庙大殿、供奉孔子祖先的崇圣祠，以及供奉先师、先贤、先儒的东庑、西庑。西院是府学即古真定府的教育中心，东院为祭祀所用。

府文庙既传文承风，也见证文人风骨。在东院中，设有文昌祠、乡贤祠、名宦祠、六忠祠。其中，六忠祠供奉历史上与正定有关的仁人志士，包括欧阳珣、李邈，其匾额题曰"敬恕"，意为"敬仰忠义之士，树立戒慎仁义之心"。

府文庙

　　欧阳珣是北宋末年"硬骨头"文人的代表之一。这一时期，面对逼近都城东京的金军，欧阳珣联合主战派上书朝廷，力主抵抗，因而得罪了朝中主和派势力。为了报复和羞辱他，主和派向皇帝进言，命令欧阳珣作为"使者"，到河北向金军割让深州。在深州城下，欧阳珣义愤填膺，高呼"汝等宜勉为忠义报国"，唤起了全城军民的抵抗意志。金军遂将欧阳珣押送燕山府处死。同年，东京城破，北宋灭亡。

　　与欧阳珣"并肩战斗"的还有李邈。他是北宋清江人（今江西樟树），靖康元年（1126年）任真定知府。同年九月，金将完颜宗望率军压境。作为真定主官，李邈动员百姓上城助战。在被围困期间，他向多方求援，均未奏效。全城军民且战且守，在孤立无援中守城40多天。十月，真定城被攻破，李邈率众巷战，但寡不敌众，被金军俘虏，押送燕山府拘禁。其后，金将完颜宗望敬其品格高节，便以礼相待，并多次劝其投降，李邈严词拒绝，宗望无奈，只得将其押送燕山府。在那里，又对他进行了多次劝降，并许以沧州知州的官职，但他始终不受不屈。临刑前，他面朝南方叩拜，端坐就戮。

纵观中国古代史，王朝倾覆的大厦虽不是忠勇节义之士所能挽救的，但忠义之弦歌却总是让人荡气回肠，它昭示着勇敢与价值的两层意义，第一层是明知不可为而为之；第二层是本可全身而退却不退。

于廊柱间感知文脉

宋代别具一格的历史文化特质,衍生出一个著名的美学概念"宋韵"。宋韵之美,在字画、在诗词,也在建筑。正定,如同一座"中国古建筑博物馆",典雅细腻的宋代建筑与大气磅礴的唐代建筑、精致华丽的明清建筑在此相遇,共同谱写了古城风华。

宋式美学的建筑密码

宋代建筑以其独特的均衡结构形式而闻名。一方面,注重建筑整体的平面布局,严格遵循均衡的比例关系,高度、宽度、长度等尺寸比例被精确控制,让形式复杂的亭台楼阁呈现出整体和谐感;另一方面,注重空间分割与层次营造,用前庭、厅堂、院落等合理规划空间布局,用多重歇山顶、飞檐等塑造建筑立面,营造出错落有致、层次分明、秀丽且富于变化的建筑风格。其中,隆兴寺就是宋代建筑美学的一个典型代表。

隆兴寺始建于隋朝。宋太祖赵匡胤敕令隆兴寺铸大悲菩萨金身，盖大悲宝阁，并以宝阁为主体，沿中轴线逐步扩建，形成了规模宏大、气势磅礴的宋代寺庙建筑群。如今，寺院建筑群南北纵深展开，中轴线南端为一座高大的"一字"琉璃照壁，自三路单孔石桥向北依次为天王殿、大觉六师殿（遗址）、摩尼殿等十几座殿阁，殿宇重重、主次分明，院落空间时宽时窄，随建筑错落而变幻。

建筑群整体气势恢弘，寺院单体建筑布局和构造也十分考究：第一重殿"天王殿"的殿身左右设有撇山影壁，单层歇山顶，灰布瓦顶，绿琉璃瓦剪边。穿过天王殿，拥有巨大重檐歇山顶的

"摩尼殿"映入眼帘,正方形殿身的四面各延伸出歇山式"抱厦",俯视大殿,其十字形平面布局,也被当地百姓称作"五花大殿"。这种殿身、抱厦、歇山顶的组合,不仅让大殿外观呈现出殿脊与飞檐的错落起伏,也让光线从抱厦射入殿内,营造出明暗有序的幽静庄严氛围。梁思成在《正定古建筑调查纪略》中评价说:"十字形的平面,每面有歇山向前,略似北平紫禁城角楼,这式样是我们在宋画里所常见,而在遗建中尚未曾得到者。"[1]

宋代建筑内部构造之精巧令人惊叹。转轮藏阁下层由于安置转轮藏,让柱网布局打破常规,采用"移柱造"构造,即把若干内柱移位,增加或减少柱间距,以满足所需要的空间和功能。檐柱采用"叉柱造",用以增强上下层间联系,提高构架稳定性。当梁思成登上转轮藏阁二楼时,发现阁楼上部构架堪称木构建筑之杰作,赞誉"各梁柱间交接处所用的角替、襻间、驼峰等,条理不紊,穿插紧凑,抑扬顿挫,适得其当,唯有听大乐队之奏名曲,能得到同样的悦感。"

隆兴寺的建筑艺术成就,凝聚着古代工匠的智慧精华,也得益于宋代开始对建筑造作的"规范化"引导。北宋颁布的《营造法式》,是中国历史上第一个用文字确定下来的官方营造规范,对大木作建筑的尺度、比例等,以"材"为基本模数作出详细规定。规范化建筑导则,或许就是宋式美学的建筑密码。这种既有整体布局,又让每一处都恰到好处的细化规范,让宋代建筑的水平一直在较高层次。

古建筑的涅槃与重光

隆兴寺宋代古建筑群之所以能够存留至今,离不开各个时期的修缮。虽然新的建筑材料不时替换原有材料,但其营造技艺和

---

[1]《中国二十世纪散文集精品——梁思成·林徽因卷》,太白文艺出版社1996年版,第195页。

修缮后的重檐歇山顶

建筑风格依旧如初，在永不停歇的时间维度传续，促成了古建筑的一次次涅槃与重光。

20世纪50年代，在对转轮藏阁、慈氏阁落架复原性修缮中，由梁思成等组成的专家顾问组对工程进行科学论证，确定了修复方式：以该地区同时期的实物以及《营造法式》为主要参考资料，在建筑本身基础上进行复原。这次修缮对大木结构进行了全面加固维修，同时，依照宋代规制恢复了博风板与悬鱼设计，瓦顶部分依当时状况进行修配，重新包砌台基、铺墁了地面。

隆兴寺中的其他殿宇也在多次修缮中获得新生。摩尼殿自宋代建成后，在明、清两代做过多轮修缮。新中国成立后，于1977

年至1980年进行了复原性修缮,使其基本恢复了古朴雄姿。2014年至2015年,正定开始实施天王殿修缮工程,坚持"最小干预"原则,注重保留不同时期构件和工艺手法,尽可能利用原有构件和材料,坚持传统工艺。比如,在下碱墙拆砌过程中,发现部分原有下碱保存较好,就予以保留,只对酥碱严重部分进行剔补;对于屋面琉璃构件、破损和脱釉部分能够达到使用标准的,就经过粘接和修复后重新利用;对于木构件,如斗拱构件、博风板、榑、椽等,能够修补的,也在修复后继续使用,最大限度让古建筑"表""里"如一。

如果说修缮是"延续古建筑生命",那么活化便是"让古建筑重焕青春"。近年来,隆兴寺在摩尼殿壁画保护工程中,采用"开放式"施工方法,使游客可以现场观摩壁画修复过程,从而更加直观感受传统文化的魅力与价值。

现代是古代的延续,能看到多远的过去,就能抵达多远的未来。"总结历史的根本目的,不仅在于弄清楚过去我们从哪里来、怎样走过来,更重要的在于搞明白未来我们要向何处去、如何走下去。"[①]让历史说话、尊重历史、敬畏历史、以史为鉴是前提;让古今交融,需要在鉴史取势的基础上,延续并焕发文化遗产生命活力,使发源于历史深处的光芒,继续成为照亮今人的明光。

把"荣国府"搬出《红楼梦》

提起"荣国府",读过《红楼梦》原著或看过《红楼梦》电视连续剧的人们或许会想起"金门玉户神仙府,桂殿兰宫妃子家",而剧中荣国府的取景地之一就在正定。

作为仿古建筑群,正定荣国府如同从《红楼梦》中"搬出"一样——参照《大清会典》中王公府第的建筑形制,在占地面积

---

① 王浩雷:《决不走回头路》,《人民日报》2009年2月16日。

荣国府

2.2万平方米的广阔空间上，建成一座仿明末清初的古建筑群。整个府邸被分为中、东、西三路，各路均为明清五进四合院式。走在中路上，一幕幕剧情中的场景尽在眼前，挂着"敕造荣国府"牌匾的大门、外仪门、向南大厅、内仪厅、荣禧堂等房间以及庄重的宫廷样式彩绘和明快的苏派园林彩绘在外院和内庭间变幻，贾母花厅、贾母正房、凤姐院、王夫人院、贾赦院等与《红楼梦》中人物息息相关的庭院，把游人思绪融入"钟鸣鼎食之家，翰墨诗书之族"的万千浮华。

　　荣国府外，就是著名的"宁荣街"。这是一条再现"康乾盛世"景象的仿古街道，总长200米，占地面积1.5万平方米，建筑面积1700平方米，共有房屋120间，房屋错落有致，街上旗幌招展。走上街头，仿佛走进了《红楼梦》的场景，看黛玉"弃舟登岸"后自东向西经过宁国府，又见元妃在元宵佳节自西向东奔娘家荣国府而来。对于古代繁荣盛世的重现，是对先人足迹的一种尊重，亦是对民族历史的一种传承。

长街深宅给正定增添了深沉静谧，古风元曲又赠予古城烟火灵动。荣国府西南 1.2 公里处，是正定元曲博物馆。正定是元杂剧的发祥地之一，也是元曲文化的繁盛之城。整个博物馆以"曲韵天成、遗音流响，正定元曲文化陈列"为主题，白朴书房的模拟造型和《墙头马上》《梧桐雨》等作品都直观地展现在博物馆内。

　　与关汉卿、马致远和郑光祖并称"元曲四大家"的白朴是汴京人，生于金末。元军攻破汴京后，迁居真定，50 岁以前的大部分时间都在这里度过，主要从事杂剧创作，也写过不少词与曲。

　　长醉后方何碍，不醒时有甚思。

　　糟腌两个功名字，醅渰千古兴亡事，曲埋万丈虹霓志。

不达时皆笑屈原非,但知音尽说陶潜是。

一曲《寄生草·饮》,虽然曲调已消逝在历史长河中,但从歌词中足以感受白朴在国破家亡、背井离乡中"似醉似醒,满纸醉言,却话醒事"的郁积和踟蹰。

蓝天白云下,郊区麦田和城中高楼大厦相交融,让今天的正定如同一幅美丽水墨画。往昔情与景、人与曲、豪迈与嗟叹,早已融入一城繁华,也化作千年古城厚重深沉的底色。中国的历史,始终在"见证"与"被见证"中前进,"见证"则不忘怀,"被见证"则为后人鉴,这正是中华民族虽历经磨难仍巍然屹立,并满怀自信走向未来的力量之源。

隆兴寺天王殿

后 记

  这是一部关于宋城保护传承的通俗历史文化论著。从断代史的视角切入城市时代变迁，用历史长镜头，近距离观察和寻觅宋代名城营建及历史文物、建筑遗迹背后的文化肌理，提炼推广各地名城保护传承的好做法、好经验，为新时代城市高质量发展提供一份备忘录。

  《天下宋城：千年文脉溯源及嬗变》成书之际，手捧散发墨香、凝聚心血的作品，回望搜索枯肠、夜以继日的撰写心路，感慨系之。

  去年 11 月以来，中国建设报社精心策划了历史文化保护传承专题"宋城通讯"，遴选具有代表性的 20 座宋城，派遣资深记者采写系列报道予以刊发。中宣部"学习强国"平台专门开设"'活着'的宋韵古城"专栏连续转载。文章发表后，在系统内和社会上引起良好反响，得到业内专家和读者的广泛好评。由此，我们更加深刻认识到宋城这个概念和命题，在我国历史文化名城保护传承中所具有的学术价值和理论意义。

作为一个历史名城符号和独特文化现象，宋城的发展脉络清晰，有着丰富的思想内涵，亟待深入探讨和挖掘。出于对中华优秀传统文化的热爱、赤诚和责任担当，我们特别组建"钟践平编写组"，抽调精干力量，以前期报道为线索，广泛搜集理论素材，在充分论证、深入研讨的基础上，开始重新撰写书稿。编写组秉持"理论与实践结合""典雅与通俗共赏"的原则，力图打造一本立意新颖、深入浅出、史论结合、图文并茂的精品读物。如果本书值得拿回家给孩子看，或乐于礼赠朋友，就算达到了编写初衷。

本书注重理论性，首次对宋城含义进行了阐释，明确了宋城基本概念和内涵，特别是关于中国断代史与历史文化名城保护传承关系的理论探讨，具有一定创新性和启发性。

本书注重知识性，见物尤重人，既对具有代表性的宋代历史文物、建筑遗存等进行了深入细致的解读、考究，也对相关历史人物给予了立体式呈现和精准评点。

本书注重可读性，采用散文、随笔的写法，夹叙夹议，以点带面，相关历史史实、知识典故、诗词歌赋、轶事传说等穿插其里，力求既深沉厚重、古今纵览，又闲云舒卷、妙趣横生。

本书编写出版工作得到了住房和城乡建设部及其相关司局领导、业界专家的大力支持和指导，地方历史文化名城主管部门也给予热情帮助。特别是有幸邀请到了中国工程院首批院士、建筑设计大师张锦秋女士和故宫博物院学术委员会主任单霁翔先生作序，为本书添彩。名城专家胡敏先生、宋史学者张卫忠先生分别给予学术指导，并提出宝贵修改意见。中国美协会员、中国书协会员郭志全先生为本书题写书名。中国建筑工业出版社（中国城市出版社）调配精兵强将加班加点，按时保质完成了出版任务。编写组每位成员都认真参与撰写修改，倾注感情、用心尽力，李睿明、刘永滨等参与了统稿，胡春明、常越还搜集整理了配图等。付梓之际，谨向所有给予本书关心、指导和帮助的领导、专家和各界同仁致以诚挚的谢意！

  本书从立论、切题到写法、编辑等都是一次尝试，如有不妥之处，敬请广大读者批评指正。

本书编写组
2024 年 9 月

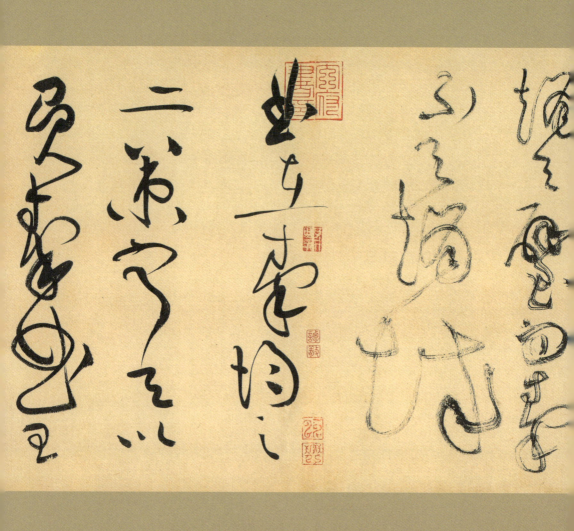

在扬弃进程中
能够把印迹留住
并不断孕育新生的
谓之不朽

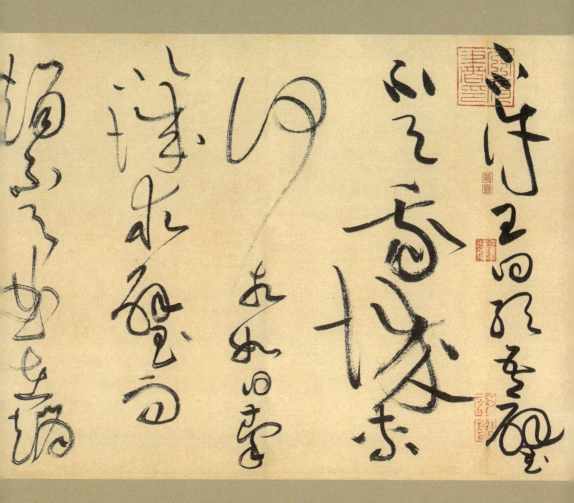

图书在版编目(CIP)数据

天下宋城：千年文脉溯源及嬗变 / 钟践平编写组著. —
北京：中国城市出版社，2024.9. —— ISBN 978-7-5074-
3749-2

Ⅰ.K928.5

中国国家版本馆 CIP 数据核字第 2024KY4565 号

封面题字：郭志全
责任编辑：陈夕涛　张智芊
书籍设计：张悟静
责任校对：李美娜

天下宋城　千年文脉溯源及嬗变
钟践平编写组　著
*
中国建筑工业出版社、中国城市出版社出版、发行（北京海淀三里河路 9 号）
各地新华书店、建筑书店经销
北京雅盈中佳图文设计公司制版
北京富诚彩色印刷有限公司印刷
*
开本：787 毫米 ×1092 毫米　1/16　印张：26　字数：310 千字
2024 年 10 月第一版　2024 年 10 月第一次印刷
定价：138.00 元
ISBN 978-7-5074-3749-2
（904777）

版权所有　翻印必究
如有内容及印装质量问题，请与本社读者服务中心联系
电话：（010）58337283　QQ：2885381756
（地址：北京海淀三里河路 9 号中国建筑工业出版社 604 室　邮政编码：100037）